ÖSTERREICH

SCHWEIZ

INHALT

NATUR

#1	Der **größte unterirdische See** Europas	10
#2	Der **steilste Weinberg** Europas	12
#3	Die **schönste Flussschleife** Deutschlands	14
#4	Der **höchste Baum** Deutschlands	16
#5	Die **spektakulärste Aussichtsplattform** der Alpen	18
#6	Die **größte Höhle** der Schweiz	20
#7	Der **höchste zusammenhängende Weinberg** Europas	22
#8	Die **größte Termitenpopulation** der Schweiz	24
#9	Der **höchste Wasserfall** Deutschlands	26
#10	Der **dickste Baum** Deutschlands	28
#11	Der **größte Vogelpark** der Welt	30
#12	Die **größte Eishöhle** der Welt	32
#13	Der **längste Sandstrand** Deutschlands	34
#14	Der **nördlichste Zipfel** Deutschlands	36
#15	Der **größte Wasserfall** Österreichs	38
#16	Der **tiefste gemessene Punkt** Österreichs	40
#17	Der **kälteste Ort** Deutschlands	42
#18	Der **höchste Weinberg** Österreichs	44
#19	Der **dunkelste Ort** Deutschlands	46
#20	Die **südlichste Stadt** Österreichs	48

BAUWERKE

#21	Die **längste Treppe** der Welt	52
#22	Der **höchste Holzaussichtsturm** Deutschlands	54
#23	Das **höchstgelegene Hotel** der Schweiz	56
#24	Der **höchste Holzturm** der Schweiz	58
#25	Die **längste Fußgängerbrücke** Österreichs	60
#26	Die **höchste 3S-Seilbahn** der Welt	62
#27	Die **längste gerade Treppe** Europas	64
#28	Das **kleinste Hotel** der Welt	66
#29	Der **höchste Kirchturm** der Schweiz	68
#30	Die **spektakulärste Hängebrücke** der Schweiz	70
#31	Das **schmalste Haus** Europas	72
#32	Die **längste Treppe** Deutschlands	74
#33	Die **kleinste Holzkirche** Deutschlands	76
#34	Der **spitzeste Kirchturm** Österreichs	78
#35	Der **schiefste Turm** der Welt	80
#36	Die **größte Whisky-Destillerie** Deutschlands	82
#37	Die **kleinste Bar** der Welt	84
#38	Die **höchstgelegene Brauerei** Deutschlands	86
#39	Die **größte Ziegelsteinbrücke** der Welt	88
#40	Der **höchste Kirchturm** der Welt	90
#41	Das **größte trojanische Holzpferd** der Welt	92
#42	Das **größte Ziffernblatt** Europas	94
#43	Der **größte Kinosaal** Deutschlands	96
#44	Die **höchste Gewichtsstaumauer** der Welt	98
#45	Das **größte Radioteleskop** Deutschlands	100
#46	Die **größte Passivhaussiedlung** der Welt	102
#47	Der **höchste Bohrturm** und das **tiefste Loch** der Welt	104
#48	Die **höchstgelegene Brauerei** der Schweiz	106
#49	Die **längste Fußgängerzone** Deutschlands	108

#50	Der **längste Radweg** Deutschlands	110
#51	Die **längste Hängeseilbrücke** Deutschlands	112
#52	Das **längste Wohngebäude** der Welt	114
#53	Die **längste Bahnsteighalle** Europas	116
#54	Die **einzige Innenstadt ohne Straßennamen** Deutschlands	118

TRANSPORT

#55	Die **steilste Postauto-Strecke** Europas	122
#56	Die **kurvenreichste Straße** der Schweiz	124
#57	Der **einzigartigste Aufzug** der Welt	126
#58	Der **schnellste Aufzug** Europas	128
#59	Die **steilste Standseilbahn** der Welt	130
#60	Die **längste unterirdisch verlaufende U-Bahn-Linie** Deutschlands	132
#61	Die **höchstgelegene Luftkissenbahn** der Welt	134
#62	Die **höchstgelegene U-Bahn** der Welt	136
#63	Der **längste Eisenbahntunnel** der Welt	138
#64	Die **steilste Zahnradbahn** der Welt	140
#65	Die **engste Straße** der Welt	142
#66	Die **schmalste Autobrücke** Deutschlands	144
#67	Die **steilste Bahnstrecke** Deutschlands	146

HISTORISCHES

#68	Das **älteste vegetarische Restaurant** der Welt	150
#69	Der **älteste Weinkeller** Deutschlands	152
#70	Das **älteste Kaffeehaus** Österreichs	154
#71	Das **älteste Restaurant** Europas	156
#72	Der **größte historische Galgen** Deutschlands	158
#73	Die **größte Hochzeitstorte aus Tropfstein**	160
#74	Die **längste Burg** der Welt	162
#75	Das **erste UNESCO-Welterbe-Industriedenkmal**	164
#76	Die **älteste Fürstenherberge** Deutschlands	166
#77	Der **älteste Unterkiefer** Deutschlands	168
#78	Das **älteste Kino** Europas	170
#79	Der **sagenreichste Berg** der Alpen	172
#80	Der **älteste noch aktive Bahnhof** Kontinentaleuropas	174
#81	Die **älteste Buchhandlung** Österreichs	176
#82	Das **älteste Weltnaturerbe** Deutschlands	178
#83	Das **älteste Industriebauwerk** Deutschlands	180
#84	Das **älteste Museum** der Welt	182
#85	Der **älteste mittelalterliche Wasserstollen** Mitteleuropas	184
#86	Die **sagenumwobenste** Burg	186

KURIOSES

#87	Das **höchste Kettenkarussell** Österreichs	190
#88	Der **beste Stunt** der Filmgeschichte	192
#89	Das **größte begehbare Gipfelkreuz** der Welt	194
#90	Die **längste Stahlseilrutsche** Europas	196
#91	Das **kleinste Dorf** der Schweiz	198
#92	Das **skurrilste Museum** der Schweiz	200
#93	Die **größte Brauereidichte** der Welt	202
#94	Die **größte Buddha-Sammlung** Europas	204
#95	Der **größte Haus-Adventskalender** der Welt	206
#96	Das **größte Mural an einem Hochhaus** in Deutschland	208
#97	Das **größte Käsemilben-Monument** der Welt	210
#98	Die **älteste Halloween-Party** Deutschlands	212
#99	Der **berühmteste Rettungshund** der Welt	214
#100	Das **einzige Globenmuseum** der Welt	216

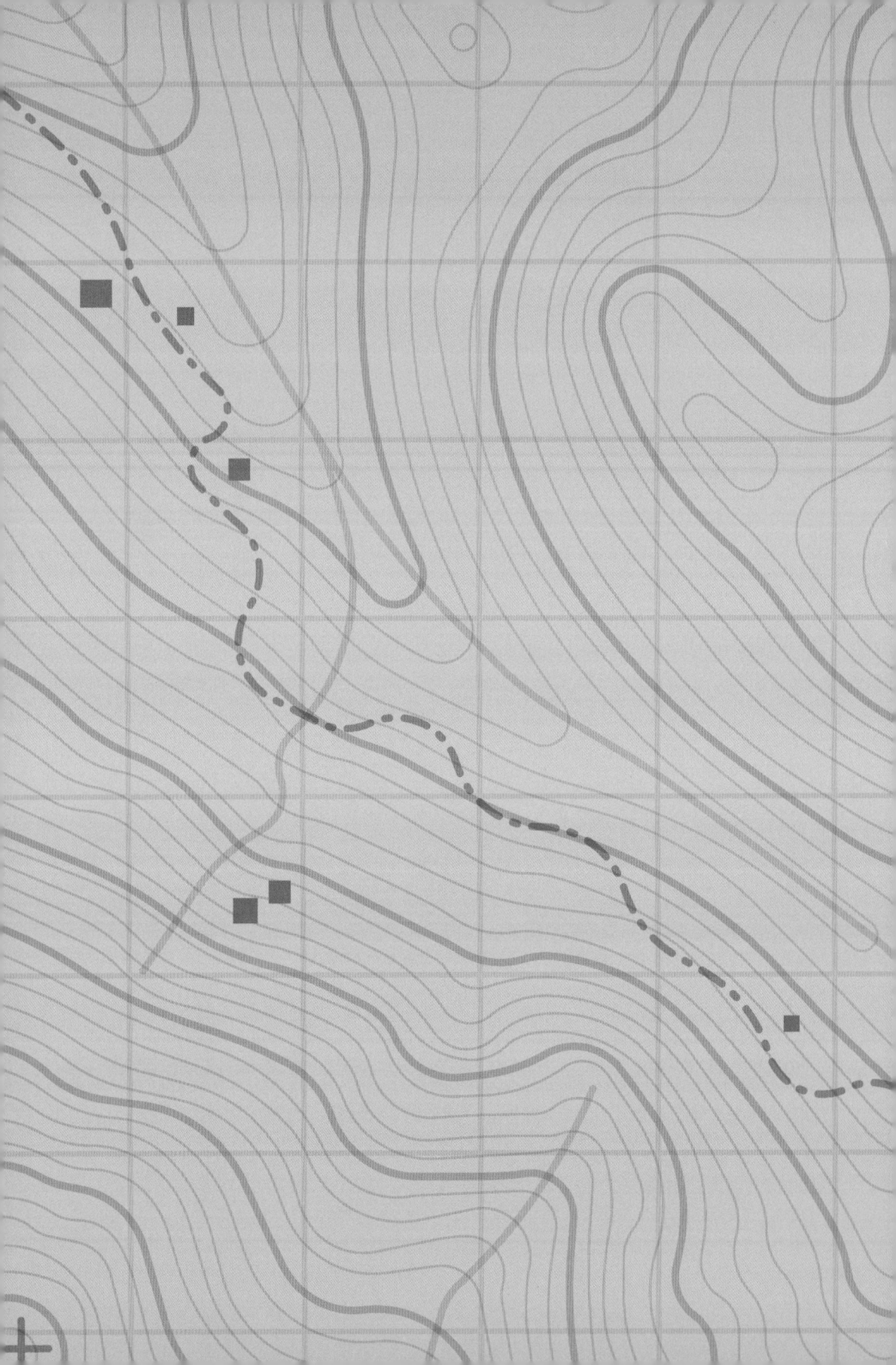

VORWORT

Die Größten, Höchsten und Längsten der Welt? Um Superlative zu erleben, muss man gar nicht so weit reisen. Manche liegen quasi direkt vor der Haustür oder nur eine Ländergrenze entfernt. So ist für den **schiefsten Turm der Welt** keine Italienreise notwendig, sondern nur eine Fahrt nach Ostfriesland, den **welthöchsten Kirchturm** besteigt man in Ulm und ein **kleineres Hotel** als im bayerischen Amberg findet man kaum sonst wo.

Die **weltweit höchste U-Bahn** rattert durch einen Tunnel im schweizerischen Saas-Fee und zur **Standseilbahn**, die in Sachen Steilheit ihresgleichen sucht, ist lediglich ein Trip in den Kanton Schwyz notwendig. Die **welthöchste 3S-Seilbahn** besteigt man in Zermatt, und die **spektakulärste Strecke** legt man nicht etwa auf der Lombard Street in San Francisco zurück, sondern mit dem PostAuto im Berner Oberland.

Um Nervenkitzel zu erleben, muss man nicht aufs Dach der Welt steigen, sondern nur auf den **Skywalk auf dem Dachsteingletscher** in Oberösterreich. Adrenalin Junkies spazieren auf Deutschlands **längster Hängeseilbrücke** in Oberharz am Brocken, sausen mit Europas **längster Stahlseilrutsche** durch den Schweizer Berghimmel oder wagen einen **007-Sprung** im Tessin.

Doch eher beschauliche Superlative? Die findet man im **Buddha-Museum** an der Mosel, im **größten Kinosaal** Deutschlands, im weltweit **ältesten vegetarischen Restaurant** in Zürich und in der **ältesten Buchhandlung** oder dem **ältesten Kaffeehaus** Österreichs.

Viel Spaß beim Entdecken der Rekorde und Superlative – garantiert ist für jeden etwas dabei!

Erläuterung
Spektakel, Erreichbarkeit, Kosten und Aufwand sind am Anfang jedes Kapitels mit Sternchen gekennzeichnet. So garantieren fünf Sternchen ein hohes Spektakel und eine gute Erreichbarkeit des Ortes. Kosten und Aufwand sind mit einem Stern am niedrigsten.

Fernweh plagte die Journalistin und Autorin **Cornelia Lohs** schon als Kind. Heute ist sie einen großen Teil des Jahres in der Welt unterwegs, dabei haben es ihr vor allem Irland, die nordischen Länder, Kanada, Lateinamerika und die USA angetan. Cornelia Lohs lebt und schreibt in ihrer Heimatstadt Heidelberg.

NATUR

Mystik erleben unter Tage, den steilsten Weinberg Europas erklimmen oder die Nacht am dunkelsten Ort Deutschlands verbringen? Oder doch lieber Termiten einen Besuch abstatten und durch eine monumentale Eishöhle wandern?

20 Orte der Superlative warten auf Erkundung.

#1 BOOTSFAHRT UNTER TAGE
DER GRÖSSTE UNTERIRDISCHE SEE EUROPAS

Seegrotte Hinterbrühl, Niederösterreich • Österreich   📍 48.0861957 | 16.2575337

SPEKTAKEL ★★★★☆ **ERREICHBARKEIT** ★★★★☆ **KOSTEN** ★★★★☆ **AUFWAND** ★★☆☆☆
FÜR WEN? Höhlen-Fans   **HIGHLIGHT** Bootsfahrt

Dass es den See in dem ehemaligen Gipsbergwerk vor den Toren Wiens überhaupt gibt, ist dem unerwarteten Ergebnis einer Sprengung zu verdanken.

In dem Bergwerk in Hinterbrühl wurde seit 1848 Gips abgebaut. Als man den Stollen 1912 mittels Sprengung erweitern wollte, wurde versehentlich ein unterirdischer Wassersack getroffen, was einen gewaltigen Wassereinbruch zur Folge hatte. Mehr als 20 Millionen Liter Wasser strömten in die Gänge und Stollen ein und bildeten einen See mit 6.200 Quadratmetern Fläche. Europaweit den größten dieser Art. Den weiteren Gipsabbau konnte man nun vergessen. Das Bergwerk wurde geschlossen.

Anfang der 1930er-Jahre beschloss der damalige Besitzer, den unterirdischen See der Öffentlichkeit als Schaubergwerk zugänglich zu machen. Nach der Eröffnung im Juni 1932 zog das Naturspektakel binnen kurzer Zeit unzählige Besucher an.

Im Mai 1944 beschlagnahmte das NS-Regime die »bombensichere« Seegrotte, um darin unter dem Decknamen »Languste« eine Flugzeugfabrik der Heinkelwerke einzurichten – hier sollten die Rümpfe des Düsenjägers HE162 hergestellt werden. Dazu pumpten sie den See aus und betonierten die Bodenfläche. Unter der Aufsicht von Facharbeitern mussten bis zu 800 Häftlinge des KZ Mauthausen unter unmenschlichen Bedingungen unter Tage in den Stollen arbeiten.

Nach dem Krieg wurde das Bergwerk wieder mit Wasser geflutet und die Seegrotte als Touristenattraktion 1948 wiedereröffnet. Während der Führung durch das Stollenlabyrinth erfährt man viel über die Geschichte des alten Gipsbergwerks. Höhepunkt ist aber die Bootsfahrt 60 Meter unter der Erdoberfläche durch unterirdische Gänge.

Anfahrt Ab Wien Hauptbahnhof mit Bus-Linie 364 bis Haltestelle »Hinterbrühl Seegrotte« (Fahrtzeit 42 Minuten). Mit dem Auto über A23 (22,5 Kilometer)
Weitere Infos http://seegrotte.at
Hinweis Warm anziehen, unter Tage ist es kalt!

Die Bootsfahrt entführt in eine mystische Welt. →

#2 KLETTERN ZWISCHEN REBEN
DER STEILSTE WEINBERG EUROPAS

Bremmer Calmont, Bremm an der Mosel, Rheinland-Pfalz • Deutschland 📍 50.1035561 | 7.1062817

SPEKTAKEL ★★★★☆ **ERREICHBARKEIT** ★★★★☆ **KOSTEN** ★★☆☆☆ **AUFWAND** ★★☆☆☆
FÜR WEN? Schwindelfreie   **HIGHLIGHT** Der Blick hinunter auf die Moselschleife

Für die Weinbauern ist die Lese bei einer Steigung von über 65 Grad ein Knochenjob in schwindelerregender Höhe. Für Wanderer nicht minder, denn der Aufstieg ist mitunter eine ganz schöne Schinderei.

Steiler geht nicht. Zumindest nicht beim Wandern in einem Weinberg, der einem alpinen Hang ähnelt. In schwindelerregender Höhe führt der Klettersteig durch den steilen Calmont, der nicht ganz mühelos zu erklimmen ist. Über 30 Trittbügel und Trittstifte, 20 Leitern und 100 Meter Sicherungsseile wurden für Anlage des Steigs im Jahr 2001 verbaut. Für den, je nach Kondition, zwei- bis dreistündigen Aufstieg sollte man schwindelfrei, sportlich fit und trittfest sein, denn ein Spaziergang ist der Weg hinauf zum Gipfel der steilsten Rieslingssonnenterrassen Europas nicht. Der spektakuläre Blick auf die Rebenhänge und die Moselschleife entschädigt die Tortur des Aufstiegs aber allemal!

Eine maschinelle Ernte der Trauben ist bei dieser Steigung undenkbar. Am Calmont wird traditionell von Hand gelesen. Das liegt allerdings nicht nur an der Steigung, sondern auch an den schroffen Schieferfelsen und der Tatsache, dass der Berg nie erschlossen wurde. Die Erntehelfer müssen nicht nur schwindelfrei sein, sondern auch über Muskelkraft verfügen, denn während der mühsamen Lese geht es auf den steilen Hang mehr als einmal bergauf und bergab. Die Lese dauert hier vier bis zehn Mal solange wie in flachen Lagen.

Die Erntemengen sind gering, denn die Rebfläche, die sich mehr als 60 Winzer teilen, beträgt gerade mal 11 Hektar. Das macht den Calmont-Riesling etwas teurer als andere Mosel-Rieslinge, aber der Geschmack ist es wert! Das fand auch Goethe, der den Calmont als »Natur-Amphitheater« beschrieb, »wo auf schmalen vorragenden Kanten der Weinstock zum allerbesten gedieh«.

Anfahrt Ab Hauptbahnhof Trier oder Koblenz mit der Regionalbahn nach Bullay, dort umsteigen in Bus-Linie 711 nach Bremm. Mit dem Auto über die B53.

#3 KURVIGES PHÄNOMEN
DIE SCHÖNSTE FLUSSSCHLEIFE DEUTSCHLANDS

Mettlach, Saarland • Deutschland ♦ 49.5018527 | 6.5407948

SPEKTAKEL ★★★★☆ **ERREICHBARKEIT** ★★★☆☆ **KOSTEN** ★☆☆☆☆ **AUFWAND** ★★☆☆☆
FÜR WEN? Flussgucker **HIGHLIGHT** Blick auf Naturphänomen

Kein Fluss kriegt so schön die Kurve wie die Saar. Und nirgendwo kurvt sie so schön wie bei Mettlach, wo sie eingebettet in einer dicht bewaldeten Landschaft liegt.

Die Aussicht, die sich vom Aussichtspunkt Cloef 180 Meter über dem Fluss auf das Wahrzeichen des Saarlandes bietet, ist spektakulär und mit Worten kaum zu beschreiben. Das Naturphänomen beginnt kurz hinter dem Merziger Ortsteil Besseringen und endet nach rund zehn Flusskilometern bei Mettlach. Zum Vergleich: die Luftlinie zwischen den beiden Orten beträgt nur etwa zwei Kilometer. Warum sich die Saar hier so spektakulär um 180° biegt und es ihr seit Urzeiten nicht gelang, auf direktem Weg von Besseringen nach Mettlach zu fließen, ist nicht genau geklärt. Man nimmt an, dass dies etwas mit dem harten Quarzitgestein der umliegenden Berge zu tun hat.

Der felsige Aussichtspunkt Cloef liegt im Scheitel der Saarschleife im Mettlacher Ortsteil Orscholz. Hier ist der Blick auf das Naturphänomen in der tiefen Schlucht am frühen Morgen, wenn sich die Nebel über dem Fluss lichten, am schönsten. Ganz zu schweigen bei Sonnenaufgang. Einen Abstecher wert sind die Burgruine Montclair und der Baumwipfelpfad Saarschleife, der sich über 1.250 Meter auf bis zu 23 Meter hohen Pfeilern durch den Wald schlängelt, in 42 Metern Höhe über den Baumkronen endet und eine atemberaubende Sicht auf die Saarschleife bietet.

Knapp zehn Kilometer entfernt liegt die Burg Montclair aus dem 12. Jahrhundert, um die sich zahlreiche Legenden ranken. Eine davon handelt von Bienen, die Feinde in die Flucht schlugen und einen Sturm auf die Burg »stechend« abwehrten. Das Burgmuseum informiert über die wechselhafte Geschichte der Burg.

Anfahrt Ab Haltestelle Keuchingen in Mettlach mit Bus-Linie 159 nach Remich, Haltestelle »Schoul«, umsteigen in Bus-Linie 158 nach Orscholz, Haltestelle »Cloef«, dann 850 Meter zum Aussichtspunkt Cloef. Mit dem Auto via L176 und L177.
Weitere Informationen
www.saarschleifenland.de

#4 ZUR WALDTRAUT VOM MÜHLWALD WANDERN
DER HÖCHSTE BAUM DEUTSCHLANDS

Freiburg, Baden-Württemberg • Deutschland ♀ 47.9533996 | 7.8610866

| SPEKTAKEL ★★★☆☆ | ERREICHBARKEIT ★★★☆☆ | KOSTEN ★☆☆☆☆ | AUFWAND ★★☆☆☆ |
| FÜR WEN? Naturfreunde | HIGHLIGHT Der Blick zur Baumkrone | | |

Die über 100 Jahre alte Waldtraut wächst und wächst und ist seit ihrem letzten Rekord 2017 garantiert weiter in die Höhe geschossen.

Würde eine Holztafel neben dem Baum nicht darauf hinweisen, dass es sich um den höchsten in Deutschland handelt, würde man ihn im Freiburger Stadtwald vor lauter Bäumen nur schwer finden, denn irgendwie sind sie alle ziemlich hoch. Die Douglasie Waldtraut war drei Jahre alt, als sie 1913 am Mühlwaldweg gepflanzt wurde. Trotz ihres hohen Alters hört sie nicht auf zu wachsen. Als sie im März 2017 vom Vermessungsamt der Stadt Freiburg zuletzt gemessen wurde, betrug ihre Höhe 66,58 Meter.

Bis 2008 beanspruchte eine Douglasie in Eberbach am Neckar den Titel als höchster Baum der Republik, dann ergab jedoch eine Messung, dass Waldtraut sie im Wachstum um wenige Zentimeter überholt hatte. Die namenlose Eberbacher Douglasie ist ein paar Jährchen älter als ihr Freiburger Pendant und maß bei ihrer letzten Messung im Dezember 2018 64,77 Meter. Das waren zwar 2,30 Meter mehr als elf Jahre zuvor, aber die Freiburgerin Waldtraut wuchs schneller.

Der immergrüne Nadelbaum »Douglasie« ist nach dem schottischen Botaniker David Douglas benannt, der im Jahr 1827 Baumsamen von einer Amerikareise mitbrachte. Der Anbau von Douglasien in deutschen Wäldern erfolgte in der zweiten Hälfte des 19. Jahrhunderts. Größenmäßig bilden die Freiburger und Eberbacher Douglasie eine Ausnahme, denn in Europa werden die Bäume im Durchschnitt nur 50 bis 60 Meter hoch. Anders als in ihrer Heimat Nordamerika, wo sie bis zu 130 Metern in die Höhe schießen können.

Anfahrt Ab Hauptbahnhof Freiburg mit Bus-Linie 2 bis Haltestelle »Dorfstraße«, umsteigen in Linie 21 bis Haltestelle »Kyburg«, ein guter Ausgangspunkt zum Riesenbaum am Mühlwaldweg. Die Länge der Wanderung beträgt ca. 3 Kilometer. Mit dem Auto via Schauinslandstraße, irgendwo parken und zu Fuß weiter.
Weitere Infos www.freiburg.de

#5 FENSTER IN DIE TIEFE
DIE SPEKTAKULÄRSTE AUSSICHTSPLATTFORM DER ALPEN

Skigebiet Dachsteingletscher, Oberösterreich • Österreich   📍 47.467406 | 13.626271

SPEKTAKEL ★★★★★ **ERREICHBARKEIT** ★★★☆☆ **KOSTEN** ★★★☆☆ **AUFWAND** ★★★☆☆
FÜR WEN? Schwindelfreie   **HIGHLIGHT** Treppe ins Nichts

»Balkon der Alpen« ist der inoffizielle Name des Dachstein Sky Walks. Ein Balkon, auf dem einem ganz schön mulmig wird, wenn man in 2.700 Metern Höhe durch den teils verglasten Boden in schwindelerregende Tiefen schaut.

Zugegeben, man blickt keine 2.700 Meter in die Tiefe, es sind nicht einmal 300. Die stählerne Aussichtsplattform liegt am Rand des Hunerkogels und ragt wie ein Balkon über dessen 250 Meter senkrecht abfallende Felswand hinaus. Dank der originellen Konstruktion, die einen Blick in alle Himmelsrichtungen ermöglicht, sieht man bei klarem Wetter nicht nur die Hohen Tauern samt Großglockner und Großvenediger, sondern kann bis in die Nachbarländer Slowenien und Tschechien blicken.

Der Sky Walk, eine 40-Tonnen-Stahlkonstruktion, wurde nach viermonatiger Bauzeit im August 2005 eröffnet. Nur vier Meter der 17 Meter langen Plattform ragen über die Felskante hinaus – auf diesem Abschnitt liegt der Glasboden, das Fenster in die Tiefe.

Wagemutige und extrem Schwindelfreie begnügen sich nicht nur mit der Aussicht vom Sky Walk, sie beschreiten auch die höchste Hängebrücke des Landes, die nur einen Steinwurf von der Aussichtsplattform entfernt liegt.

Ein 100 Meter langer Spaziergang mit Blick in 400 Meter Tiefe führt zu einem Spot, der garantiert Adrenalinschübe verschafft: die »Treppe ins Nichts«. 14 schmale Stufen führen auf ein Glaspodest, das im wahrsten Sinne des Wortes über dem Abgrund schwebt. Der Blick auf die Berge ringsum ist unschlagbar. Ganz besonders bei strahlend blauem Himmel.

Anfahrt   Mit dem Dachstein-Gletscher-Linienbus der Ramsauer Verkehrsbetriebe ab Schladming bis zur Talstation der Dachstein-Gletscherbahn. Von dort mit der Seilbahn zur Bergstation »Hunerkogel«. Der Sky Walk befindet sich direkt neben der Seilbahnstation.
Weitere Infos   www.derdachstein.at

#6 UNTERWEGS IN DER EWIGEN FINSTERNIS

DIE GRÖSSTE HÖHLE DER SCHWEIZ

Hölloch-Höhle Muotathal, Schwyz • Schweiz   46.9767374 | 8.77023

SPEKTAKEL ★★★★★   **ERREICHBARKEIT** ★★★★☆   **KOSTEN** ★★★☆☆   **AUFWAND** ★★☆☆☆
FÜR WEN? Dunkelheitsliebende   **HIGHLIGHT** Die Höhle an sich

Mit ihrer Länge und Tiefe und den vielen Verzweigungen soll sie sogar das größte Höhlensystem Europas sein.

Wie lang die Hölloch-Höhle tatsächlich ist, weiß man nicht. Bisher wurden rund 207 Kilometer Länge erforscht. Erstmals begangen wurde die Höhle vom Staldener Bergbauern Alois Ulrich, der den Eingang zum Hölloch 1875 ganz zufällig entdeckte. Die systematische Erforschung begann ab 1889, die touristische Erschließung 1905 durch eine belgisch-schweizerische Gesellschaft. Man beleuchtete den Eingang künstlich, Treppen und Geländer wurden installiert. Als die Firma fünf Jahre später bankrott machte, war es mit dem Tourismus erst einmal vorbei. Ganze neun Jahrzehnte lang. Bis auf ein paar Forscher nach dem Zweiten Weltkrieg war kaum jemand in der Höhle unterwegs.

Das änderte sich, als die Tessiner Trekking Team AG 1995 die Nutzungsrechte für das Hölloch erwarb. Outdoor-Experten des Teams bieten seitdem ganzjährig kürzere, längere und mehrtägige Touren in die Höhle an.

Der Weg durch die gewundenen Gänge des zappendusteren unterirdischen Labyrinths ist ein ständiges Auf und Ab bei Kühlschranktemperaturen. Stirnlampen beleuchten den Weg. Mitunter sind die Gänge sehr eng. Nyktophobie und/oder Klaustrophie? Dann lieber draußen bleiben!

Im August stellte die Riesenhöhle einen neuen Weltrekord auf. Forscher entdeckten eine Verbindung, die eine Höhendifferenz von 1.033 Metern zwischen dem tiefsten (551 Meter) und höchsten (1.584 Meter) Punkt der Höhle zutage brachte. Soweit bekannt, ist keine andere Höhle der Welt so tief.

Anfahrt Vom Bahnhof der Kantonhauptstadt Schwyz mit Bus B 501 bis Haltestelle »Muotathal, Hölloch« (Fahrzeit 35 Minuten), dann 850 Meter Fußweg. Der Eingang zur Höhle befindet sich oberhalb des Weilers Stalden. Mit dem Auto über Grundstraße (15,7 Kilometer).
Weitere Infos und Termine zur Höhlenwanderung www.trekking.ch/hoelloch

#7 WEINKULTUR ERLEBEN

DER HÖCHSTE ZUSAMMENHÄNGENDE WEINBERG EUROPAS

Visperterminen, Wallis • Schweiz 📍 46.2999934 | 7.8917344

SPEKTAKEL ★★★★☆	**ERREICHBARKEIT** ★★★★☆	**KOSTEN** ★★☆☆☆	**AUFWAND** ★★☆☆☆
FÜR WEN? Weintrinker	**HIGHLIGHT** Degustation		

In schwindelerregenden Steillagen durchziehen Terrassen mit eng bepflanzten Reben den Weinberg im Oberwallis.

Zugegeben, es gibt auf dem europäischen Festland Rebgärten, die höher liegen als 1.150 Meter, aber keine, die gleichzeitig auch zusammenhängen. Der 45 Hektar umfassende Weinberg im Heidadorf Visperterminen bildet mit 35 Hektar einen zusammenhängenden Rebgarten, der sich von der Talebene auf 650 Metern bis auf 1.150 Metern Höhe erstreckt.

Den rekordverdächtigen Weinberg erwandert man auf einem rund acht Kilometer langen Rebwanderweg bergabwärts von Visperterminen hinunter nach Visp. Entlang historischer Trockensteinmauern erzählen 40 Informationstafeln Wissenswertes über die Weine des Wallis, die Rebsorten und die Anbaumethoden. Unterwegs hat man immer wieder einen Blick auf hohe Alpengipfel.

Angebaut wird der Heida, ein Weißwein, der den Beinamen »Perle der Alpenweine« trägt und das Dorf weltweit bekannt machte. Dass dieser Wein seit Jahrhunderten im Oberwallis angebaut wird, davon zeugt die älteste erhaltene Urkunde aus der Mitte des 16. Jahrhunderts. Der Weinanbau in Visperterminen ist jedoch weit älter – archäologische Funde belegen, dass bereits die Kelten im Oberwallis Weinbau betrieben haben.

Die Lese im steilen Weinberg ist reine Handarbeit. Die Trauben werden geschnitten, in Kisten abgefüllt und auf dem Rücken eines Erntehelfers zum Traktor getragen, der direkt zur Kellerei fährt. Die größte Kellerei ist St. Jodern, die 1979 als Genossenschaftskellerei gegründet wurde und heute Weine von über 500 Genossenschaftern abfüllt. Während einer Degustation in der Kellerei taucht man in die Welt des Heida-Weins ein und erfährt Interessantes über die Geschichte des Weins und das Dorf.

Anfahrt Vom Bahnhof in Visp mit dem PostAuto B 524 (Visperterminen-Linie) nach Visperterminen. Der Bus hält am Einstieg zum Weinberg, der etwas unterhalb des Dorfes liegt. Mit dem Auto ab Visp über die Dorfstraße.

Weitere Infos www.heidadorf.ch

#8 DER KLEINE STAAT IM STAATE

DIE GRÖSSTE TERMITENPOPULATION DER SCHWEIZ

Tierpark Dählhölzli, Bern • Schweiz   📍 46.9345582 | 7.4495192

| SPEKTAKEL ★★★★☆ | ERREICHBARKEIT ★★★★★ | KOSTEN ★★☆☆☆ | AUFWAND ★★☆☆☆ |
| FÜR WEN? Zoobesucher | HIGHLIGHT Hochzeitsflug der Termiten | | |

Dass in Bern eine Million Riesentermiten leben, wissen nicht viele. Eine Bedrohung sind die gefährlichen Holzfresser nicht – ihr Staat befindet sich gut geschützt im Tierpark Dählhölzli.

Termiten vermehren sich mit und ohne Sex fanden Forscher 2009 heraus. So ist es kein Wunder, dass aus der kleinen Termitenkolonie, die der Tierpark 1988 vom Zoologischen Institut der Universität Bern für das neu gebaute Vivarium erhielt, innerhalb kurzer Zeit ein gigantischer Staat wurde. Die Termiten errichteten ein 40 Zentimeter hohes kaminartiges Türmchen über ihrem Nest, das in vier Monaten zu einer Höhe von drei Metern anwuchs und zwei Jahre später bereits doppelt so hoch war. Regentin des Staates ist die Königin, deren Sitz sich in einer gepanzerten Kammer im Zentrum des Baus befindet. Dort wird sie von ihren Arbeiterinnen umhegt und legt täglich bis zu 30.000 Eier. Zwar gibt es auch einen König, der dient jedoch ausschließlich zur Befruchtung der Königin.

Sobald die Nachwuchstermiten aus den befruchteten Eiern »geflügelt« sind, verlassen sie den Bau und finden beim Hochzeitsflug zusammen. Das nun »vermählte« Termitenpaar baut sich eine Hochzeitskammer, paart sich und bildet eine neue Kolonie. Ist man zur rechten Zeit am rechten Ort, kann man den Hochzeitsflug beobachten.

Weltweit sind mehr als 2.900 Termitenarten bekannt. Die Berner Exemplare gehören zur Gattung der »Macrotermitinae«, die ursprünglich aus der Gegend des Baringosees in Kenia stammen. Es sind pilzzüchtende Termiten – da sie zellulosehaltige Nahrung nicht selbst verdauen können, züchten sie in ihrem Bau Pilze, welche die Zellulose für sie spalten. Anschließend ernähren sie sich von den Fruchtkörpern der Pilze.

Anfahrt   Ab Bahnhof Bern mit Bus-Linie 19 bis Haltestelle »Ka-We-De«, dann 550 Meter Fußweg bis zum Tierpark am Tierparkweg 1. Mit dem Auto via Route 10.
Weitere Infos   www.tierpark-bern.ch

#9 ÜBER ZWEI STUFEN TOSEND IN DIE TIEFE

DER HÖCHSTE WASSERFALL DEUTSCHLANDS

Röthbachfall, Nationalpark Berchtesgaden, Bayern • Deutschland ◉ 47.5019444 | 13.0121861

SPEKTAKEL ★★★★☆ **ERREICHBARKEIT** ★★☆☆☆ **KOSTEN** ★★☆☆☆ **AUFWAND** ★★★☆☆
FÜR WEN? Outdoor-Aktivisten **HIGHLIGHT** Der Wasserfall an sich

Um das beeindruckende Naturdenkmal zu sehen, muss man in Wanderschuhe schlüpfen und ein paar Kilometer marschieren. Das hat den Vorteil, dass der Wasserfall trotz seines Höhenrekords kein überlaufener Touristen-Hotspot ist.

Mit 470 Metern Fallhöhe ist der Röthbachfall zwar der höchste Wasserfall des Landes und der Alpen, aber nicht halb so bekannt wie die nur 163 Meter hohen Triberger Wasserfälle im Schwarzwald. Dazu ist er zu abgelegen und touristisch zu wenig erschlossen. Der imposante Wasserfall stürzt südlich des Obersees über die Röthwand in zwei Hauptstufen fast senkrecht in die Tiefe. Die Röthwand trennt den Kessel des Königs- und Obersees von der Röth, dem ehemaligen Almgebiet zwischen Steinernem Meer und Hagengebirge.

Wie tosend das Wasser die Felswand hinabstürzt, ist von Niederschlägen und Schnee abhängig. Während der Schneeschmelze im Frühjahr führt der Röthbach sehr viel Wasser, im Herbst dagegen wenig. Das Wasser stürzt weder in einen Bach noch in einen See, sondern versickert im anmoorigen Almboden der Fischunkel in den Talgrund und speist unterirdisch den Obersee. In der Zeit der Schneeschmelze bildet sich in der Talsenke, am Fuß des Wasserfalls, für kurze Zeit ein kleiner See. Nur 700 Meter weiter nördlich des Röthbachfalls stürzt Deutschlands zweithöchster Wasserfall, der 410 Meter hohe Landtalfall, in die Tiefe.

So kommt man hin Mit dem Schiff ab Schönau über den Königssee bis zur Bootshaltestelle »Salet«, dann entlang steiler Felswände zu Fuß weiter zum südlich gelegenen Obersee und zur Fischunkelalm. Hinter der Alm muss noch ein kleines Waldstück durchquert werden, dann sieht man den Wasserfall in seiner ganzen Pracht auch schon ins Tal stürzen. Gesamte Wanderzeit je nach Kondition ca. 1–1,5 Stunden.
Weitere Infos www.berchtesgaden.de

… #10   DIE DICKE LINDE BESUCHEN

DER DICKSTE BAUM DEUTSCHLANDS

Heede, Niedersachsen • Deutschland   📍 52.9932666 | 7.295813

SPEKTAKEL ★★★☆☆   **ERREICHBARKEIT** ★★★★☆   **KOSTEN** ★☆☆☆☆   **AUFWAND** ★☆☆☆☆
FÜR WEN? Baumliebhaber   **HIGHLIGHT** Die Baumkrone

Die Riesenlinde zu Heede ist nicht nur der dickste Baum des Landes, sie gilt gleichzeitig als größte Linde Europas. Wenn das kein Grund für einen Besuch ist.

Die »Dicke Linde« ist breit, groß und uralt. Sie soll mindestens 500 bis 1.000 Jahre auf dem Buckel haben – so genau weiß man das nicht. Deshalb nennt man sie neben ihren anderen beiden Namen auch »Tausendjährige Linde«. Ihr Stamm hat einen Umfang von ca. 17,50 Metern – zuletzt gemessen wurde der Umfang in 1,30 Meter Stammhöhe im Dezember 2018. Sie ist geschätzt 24 Meter hoch, ihr Kronendurchmesser beträgt ca. 30 Meter und ist damit gut dreimal so breit wie ein Wohnhaus. Die Linde ist das Wahrzeichen und der Stolz der kleinen Gemeinde Heede im Emsland. Sie ziert sogar das Heeder Wappen.

Über die Geschichte der monumentalen Linde ist nicht viel bekannt. Sie soll die Burglinde der ehemaligen Schärpenburg gewesen sein, die im 13. Jahrhundert errichtet und im holländischen Krieg (1672–1678) niedergebrannt und nicht mehr aufgebaut wurde. Aus den Annalen geht hervor, dass der Befehl gegeben wurde, die prachtvolle Linde zu verschonen. Das war der erste historische Hinweis auf den Baum. Erst ab dem 15. Jahrhundert war es üblich, auf Adelssitzen und in Ortschaften Linden zu pflanzen. Da die Schärpenburg nach 1400 neu aufgebaut wurde, nimmt man an, dass die Linde um jene Zeit gepflanzt worden sein könnte. So gesehen wäre es möglich, dass die »Tausendjährige« erst 600 Jahre alt ist. Aber egal, wie alt sie nun ist, ein Hingucker ist sie allemal.

Im Oktober 2019 wurde die Riesenlinde zum deutschlandweit ersten »Nationalerbe-Baum« ernannt.

Anfahrt   Mit dem ÖPNV ist es etwas umständlich nach Heede. Ab Leer in Ostfriesland sind es mit zweimaligem Umsteigen (Regionalbahn und Bus) um die eineinhalb Stunden. Mit dem Auto ab Leer via A31 ca. 32 Minuten. Die Riesenlinde steht an der Burgstiege 1 in Heede.
Weitere Informationen
www.heede-ems.de

#11 BIRD WATCHING

DER GRÖSSTE VOGELPARK DER WELT

Walsrode, Lüneburger Heide, Niedersachsen • Deutschland ♀ 52.881825 | 9.5980388

SPEKTAKEL ★★★☆☆ **ERREICHBARKEIT** ★★★★☆ **KOSTEN** ★★☆☆☆ **AUFWAND** ★☆☆☆☆
FÜR WEN? Vogelbeobachter **HIGHLIGHT** Europas spektakulärste Flugshow

Der Weltvogelpark Walsrode punktet mit mehr als 4.000 Vögeln aus 650 Arten und allen Kontinenten und Klimazonen der Erde, einer einzigartigen Pflanzenvielfalt in atemberaubenden Gärten und Parklandschaften sowie weitere Einzigartigkeiten.

Vögel, soweit das Auge blickt. Und darunter zahlreiche Rekordhalter, wie der Kolibri, der kleinste Vogel der Welt, der Andenkondor mit einer Flügelspannweite von 3,20 Metern größter flugfähiger Vogel Südamerikas und der flugunfähige Rothalskasuar, der bis zu 1,80 Meter groß werden kann und mit seinen gewaltigen Krallen als weltweit gefährlichster Vogel gilt. Aber auch die am meisten gefährdeten Vögel der Welt wie der Hyazinthara, Kagu, Riesenseeadler und Schneekranich sind in dem gigantischen Park zuhause.

In Innen- und Außenvolieren sowie Freigehegen kann man Vögel bestaunen, die man weltweit in keinem anderen Zoo sieht, darunter Tiere, die in Madagaskar zuhause sind wie Erdracken, Kurole, Seidenkuckucke und Vangawürger.

Die größte Population des Parks stellen die rosa Flamingos mit über 200 Exemplaren. Schnellster Vogel vor Ort ist der Wanderfalke, der im Sturzflug über 300 km/h schafft, das farbenprächtigste Federkleid trägt der Himalaya-Glanzfasan, und schwerster flugfähiger Vogel ist die Koritrappe (auch: Riesentrappe) mit einem Gewicht von bis zu 19 kg. Bei den unterhaltsamen und tatsächlich einzigartigen Flugshows erlebt man den blitzschnellen Wanderfalken, den Andenkondor, Weißkopfseeadler und andere exotische Bewohner des Weltvogelparks in Aktion.

Auch die Pflanzenwelt im 24 Hektar großen Park steckt voller Rekorde. Die ältesten Bäume sind 120 Jahre alt. Zu den seltensten Baumarten gehören Mammutbaum, Schlangenfichte, Tulpenbaum und die Transkaukasische Birke. Es gibt 120 Rhododendron-Arten, 15.000 Rosenstöcke aus 70 Arten und viele andere farbenprächtige Blumen. Ein Besuch im Weltvogelpark ist ein Fest für alle Sinne.

Anfahrt Ab Bahnhof Walsrode mit Bus-Linie 511 (5 Minuten) oder Linie 556 (13 Minuten), zu Fuß ab dem Bahnhof 2,5 Kilometer, mit dem Auto via B209 und K129.
Weitere Infos www.weltvogelpark.de

Die 3.000 Quadratmeter große Freiflughalle zählt zu den Highlights des Parks.

#12 INS EIS EINTAUCHEN
DIE GRÖSSTE EISHÖHLE DER WELT

Werfen, Salzburg • Österreich   ♀ 47.5029578 | 13.1902483

SPEKTAKEL ★★★★☆ **ERREICHBARKEIT** ★★★☆☆ **KOSTEN** ★★★☆☆ **AUFWAND** ★★★☆☆
FÜR WEN? Kälteunempfindliche **HIGHLIGHT** Bizarre Eisskulpturen

Das gewaltige Portal zur Eisriesenwelt Werfen liegt auf über 1.600 Metern Höhe im Tennengebirge und führt in ein Höhlensystem von 42 Kilometern Länge, das mit gigantischen Eisgebilden ausgestattet ist.

Stockfinster ist es in der Höhle. Nach und nach taucht im Licht der Stirnlampen eine magische Welt aus riesigen Eisfiguren auf.

Entdeckt hat die Höhle 1879 der Salzburger Naturforscher Anton von Posselt-Czorich. Er kam gerade mal 200 Meter weit, denn die Eiswände waren zu steil, sein Werkzeug zu schlecht. Er veröffentlichte einen Bericht über seine Entdeckung, danach geriet die Höhle wieder in Vergessenheit. Mehr als 30 Jahre später, 1913, schaffte es der Höhlenforscher Alexander von Mörk zusammen mit anderen Forschern weiter in die Höhle hinein und entdeckte eine riesige Halle, die später nach ihm benannt wurde.

Von Mörk wurde bei Ausbruch des Ersten Weltkrieges 1914 als Soldat eingezogen. Sein Wunsch war es, im Falle seines Todes in der Eisriesenwelt bestattet zu werden. Er fiel mit erst 27 Jahren bereits im ersten Kriegsjahr. Seine Urne wurde 1925 in dem von ihm entdeckten Mörk-Dom beigesetzt. Das kilometerlange Labyrinth des Höhlensystems wurde ab 1919 weiter erforscht und für den Tourismus erschlossen – allerdings nur einer der 42 Kilometer. Im Jahr 1920 fanden die ersten Führungen statt. Damals musste der steilste Teil des Weges mühsam zu Fuß zurücklegt werden. Seit 1955 übernimmt diesen Teil eine Seilbahn.

Anfahrt Ab dem Bahnhof in Werfen fährt alle 20 Minuten ein Shuttlebus zum Eisriesenwelt-Besucherzentrum. Von dort sind es 20 Minuten steiler Fußmarsch bis zur Seilbahn, die Besucher zur Bergstation bringt, von wo aus es noch mal ca. 20 Minuten zum Höhleneingang sind. Mit dem Auto: Ab Werfen führt eine ca. 5 Kilometer lange Zufahrtsstraße zu den Parkplätzen am Besucherzentrum.
Weitere Infos www.eisriesenwelt.at
Bitte beachten Festes Schuhwerk und warme Kleidung sind ein Muss, denn in der Höhle ist es teils glitschig und die Temperatur liegt bei 0 Grad Celsius.

#13 GIGANTISCHE SANDKISTE
DER LÄNGSTE SANDSTRAND DEUTSCHLANDS

Usedom, Mecklenburg-Vorpommern • Deutschland   ♀ 54.0709553 | 13.8731806

SPEKTAKEL ★★★★☆   **ERREICHBARKEIT** ★★★★☆   **KOSTEN** ★☆☆☆☆   **AUFWAND** ★☆☆☆☆
FÜR WEN? Strandanbeter   **HIGHLIGHT** Sand ohne Ende

Weißer Sand, soweit der Blick reicht. Das verspricht jede Menge Strandvergnügen – das wusste auch der Kaiser einst zu schätzen.

»Badewanne Berlins« nannte man die knapp drei Autostunden von der Hauptstadt entfernte Ostseeinsel im 19. Jahrhundert, als wohlbetuchte Berliner Usedom als Badeparadies entdeckten. Zum ultimativen Hotspot der High Society avancierte sie, als Kaiser Wilhelm zur Sommerfrische anreiste. Die Anreise war bequem, denn ab 1875 brachte die Bäderbahn von Berlin aus Badegäste nonstop nach Usedom. In den »Kaiserbädern« Ahlbeck, Bansin und Heringsdorf entstanden prunkvolle Villen mit Balustraden, breiten Freitreppen, Erkern, Säulen und Türmchen. Bis heute macht die einzigartige Kulisse der frühen Bäderarchitektur die Schönheit der Insel aus. Neben dem 42 Kilometer langen weißen Sandstrand natürlich, der sich vom Osten der Insel bis in den Norden erstreckt, bis zu 70 Meter breit ist und den Vergleich mit einem Karibikstrand nicht zu scheuen braucht. Auch wenn am Ostseestrand keine Palmen wachsen und das Meer nichts so türkis glitzert wie die Karibik.

In der ersten Hälfte des 20. Jahrhunderts entdeckten Künstler und Schriftsteller Usedom. Thomas Mann weilte hier ebenso wie Maxim Gorki, Kurt Tucholsky und der deutsch-amerikanische Maler Lyonel Feininger, dessen Malorte 2008 zu einem 56 Kilometer langen Rundweg, der »Feininger-Radtour«, verbunden wurden.

Außer dem Rekord »Längster Sandstrand Deutschlands« punktet Usedom mit weiteren Superlativen. Hier ist es sonniger als anderswo in der Republik – in Trassenheide wurden 2018 unschlagbare 2.404 Sonnenstunden gezählt. Die Insel verfügt in Heringsdorf über die längste Seebrücke Deutschlands (508 Meter) sowie in Ahlbeck über die älteste des Landes.

Anfahrt Zum Beispiel mit der Regionalbahn ab Bahnhof Züssow bis Bahnhof Ahlbeck auf Usedom, mit dem Auto ab Züssow via B111. Usedom ist durch zwei Brücken mit dem Festland verbunden.
Weitere Infos www.usedom.de

Seit 110 Jahren ungebrochen beliebt: die Ahlbecker Seebrücke. →

#14 DER BEGEHBARE ELLENBOGEN

DER NÖRDLICHSTE ZIPFEL DEUTSCHLANDS

Lister Ellenbogen, Sylt, Schleswig-Holstein • Deutschland ♦ 55.0556641 | 8.4082328

SPEKTAKEL ★★★☆☆ **ERREICHBARKEIT** ★★★★☆ **KOSTEN** ★☆☆☆☆ **AUFWAND** ★★★☆☆
FÜR WEN? Strandwanderer **HIGHLIGHT** Blick auf Rømø

Aus der Vogelperspektive ähnelt die Landzunge im Norden Sylts tatsächlich an einen Ellenbogen. Als geografisch nördlichster Punkt der Republik ist sie eigens mit einer Tafel markiert.

Nördlicher wird's nur noch im Wasser. »Herzlich willkommen am nördlichsten Punkt Deutschlands. 55° 3' 30 Nord 08° 24' 55 Ost« begrüßt die Tafel im weißen Sand am Lister Ellenbogen. Kleingedruckt informiert sie darüber, dass List Mitglied im Zipfelbund ist. Görlitz an der Neisse (Osten), Oberstdorf im Allgäu (Süden), Selfkant im Maastal (Osten) und List bilden zusammen die vier äußersten Zipfel Deutschlands und haben sich deshalb 1999 zum Zipfelbund zusammengeschlossen. Wer von Zipfel zu Zipfel reist, kann sich das im Zipfelpass bestätigen lassen (www.zipfelbund.de).

Der zwischen 330 und 1.200 Meter breite und viereinhalb Kilometer lange Lister Ellenbogen zählt zu den ruhigsten Fleckchen Sylts und ist nur knapp vier Kilometer von der dänischen Wattenmeerinsel Rømø entfernt. Bei klarem Wetter kann man hinüberschauen.

Fast die gesamte Landzunge ist Teil des Naturschutzgebiets Nord-Sylt sowie des Vogelschutzgebiets Schleswig-Holsteinisches Wattenmeer. Hier sind zahlreiche Robben, Schafe und eine reiche Artenvielfalt an Vögeln zuhause. Zwischen dem Ellenbogen und dem Lister Hafen befindet sich die Wattfläche Königshafen mit der kleinen Vogelschutzinsel Uthörn. Je nach Jahreszeit kann man hier aus der Ferne Austernfischer, Rohrweihe, Seeschwalben, Uferschnepfen und andere Vögel beobachten.

Deutschlands nördlichster Zipfel beherbergt natürlich auch das nördlichste Bauwerk des Landes, den Leuchtturm List-West. Dieser ist zugleich auch der älteste Leuchtturm an der Westküste Schleswig-Holsteins und der erste Deutschlands, der aus Gusseisen hergestellt wurde.

Anreise Zum Beispiel mit Bus-Linie 1 ab Westerland, Kampen oder List zur Haltestelle »Weststrand«. Mit dem Auto über die Lister Straße.
Weitere Infos www.insel-sylt.de

#15 TOSENDE WASSERMASSEN

DER GRÖSSTE WASSERFALL ÖSTERREICHS

Krimml, Nationalpark Hohe Tauern, Salzburger Land • Österreich 📍 47.2076787 | 12.1708108

SPEKTAKEL ★★★★★ **ERREICHBARKEIT** ★★★★☆ **KOSTEN** ★★☆☆☆ **AUFWAND** ★★☆☆☆
FÜR WEN? Naturbegeisterte **HIGHLIGHT** Die enormen Wassermassen

Unter großem Getöse donnern die gewaltigen Krimmler Wasserfälle in einer Fallhöhe von 385 Metern hinunter ins Salzachtal und bieten dabei ein spektakuläres Naturschauspiel.

Die Wasserfälle werden durch die Krimmler Ache gebildet, die hoch oben im Krimmlertal über drei felsige Steilstufen in die Salzach stürzt. Sie werden gerne als die höchsten Wasserfälle Europas bezeichnet, aber das sind sie nicht – dazu muss man schon nach Norwegen reisen. Eigens für Besucher wurde am Wasserfall der gut befestigte Wasserfallweg errichtet, dessen zahlreiche Aussichtskanzeln atemberaubende Ausblicke auf die Wassermassen freigeben. Der in engen Serpentinen angelegte, über vier Kilometer lange Weg führt zunächst zum Unteren Achenfall mit einer Fallhöhe von 140 Metern. Hier spürt man die volle Kraft des Wassers, und es bieten sich herrliche Fotomotive.

Ganz besonders von der spektakulär angelegten Kanzel »Jaga Sprung«, wo sich dem Auge zwei gegenüberstehende Felssäulen bieten, die nur durch einen Abgrund von wenigen Metern getrennt sind. Der Legende nach soll ein von einem Jäger verfolgter Wilddieb den Sprung darüber gewagt haben und so seiner Strafe entgangen sein.

Steil geht es weiter hinauf zur Mittleren Fallstufe mit einer Fallhöhe von 100 Metern. Hier liegt der Alpengasthof Schönangerl, dessen Terrasse einen grandiosen Blick auf die Wasserfälle gewährt. Bis zur Oberen Fallstufe (145 Meter), müssen ab Beginn des Wasserfallwegs insgesamt 431 Höhenmeter überwunden werden. Hier oben beginnt das Krimmler Achental.

Anfahrt Ab Krimml Bahnhof mit Bus-Linie 670 bis Haltestelle »Krimml Wasserfälle«. Mit dem Auto über Gerlos Straße. Neben der Bushaltestelle befinden sich ausreichend Besucherparkplätze.
Weitere Infos
www.wasserfaelle-krimml.at
Tipp Wasserfestes Schuhwerk an- und eine Regenjacke überziehen, denn im Sprühnebel des Wasserfalls kann es ganz schön nass werden.

#16 AM TIEFPUNKT ANKOMMEN

DER TIEFSTE GEMESSENE PUNKT ÖSTERREICHS

Hedwighof, Apetlon, Burgenland • Österreich   47.7348865 | 16.863322

SPEKTAKEL ★★☆☆☆   **ERREICHBARKEIT** ★★☆☆☆   **KOSTEN** ★☆☆☆☆   **AUFWAND** ★★★☆☆
FÜR WEN? Tiefpunktsuchende   **HIGHLIGHT** Das Flachland ringsum

Tiefer geht es in der Alpenrepublik nicht. Weiß auf Grün weist ein Schild darauf hin, dass man sich am »tiefst gemessenen Punkt Österreichs am Schnittpunkt der Wege« befindet. Immerhin noch 114 Meter über dem Meeresspiegel.

Der tiefste Punkt liegt ganz unspektakulär im Kreuzungsbereich zweier Feldwege im Gemeindegebiet Apetlon, in der flachen Landschaft der Region Seewinkel, die im Durchschnitt nur 117 Meter über dem Meeresspiegel liegt. Weit und breit kein Berg, stattdessen Puszta-Landschaft. Das nicht weit entfernte Ungarn lässt grüßen.

Extremsportler machen sich immer wieder dazu auf, vom niedrigsten bis zum höchsten Punkt des Landes zu laufen. Von Apetlon im Osten bis zum Großglockner im Westen sind sie sieben Tage unterwegs und überwinden dabei 500 Kilometer und 750.000 Schritte. Radler schaffen es schneller. Den letzten Rekord stellte der Triathlet und Extremsportler Christian Bruckner aus dem niederösterreichischen Wallsee 2021 auf, der die »Low to High«-Tour in 36 Stunden schaffte. Auf dem Weg zum höchsten Punkt schwamm er durch den Neusiedler See, durchquerte radelnd sechs Bundesländer und bezwang dabei mehr als 400 Kilometer und unzählige Höhenmeter, lief, kletterte und stapfte bei eisigem Wind durch Schnee auf den 3.798 Meter hohen Gipfel des Großglockners. Die Gewalttour mit exakt 438,50 Kilometern und 6.970 Höhenmetern ist als Weltrekord registriert.

Anfahrt Vom Bahnhof Neusiedl am See mit Bus-Linie 290 nach Apetlon im Herzen des Nationalparks Neusiedler See, dann zu Fuß oder mit dem Rad 3,6 Kilometer, am besten mit Google Maps, zum niedrigsten Punkt, der beim Hedwighof liegt.
Weitere Infos www.apetlon.info

#17 SPRUNG INS EISIGE NASS

DER KÄLTESTE ORT DEUTSCHLANDS

Funtensee, Bayern • Deutschland ⚲ 47.4933904 | 12.9375565

SPEKTAKEL ★★★☆☆ **ERREICHBARKEIT** ★☆☆☆☆ **KOSTEN** ★★☆☆☆ **AUFWAND** ★★★★★
FÜR WEN? Kälteresistente **HIGHLIGHT** Die Wanderung hinauf

Im Winter misst man am Funtensee Temperaturen von weniger als minus 45 Grad Celsius. Im Hochsommer ist es hier tagsüber mit 15 bis 18 Grad Celsius nicht ganz so kalt.

Deutschlands Kältepol liegt auf 1.601 Metern Höhe im Steinernen Meer, dem Hochplateau zwischen Königssee und dem Hochkönigmassiv im Nationalpark Berchtesgaden. Am 24. Dezember 2001 wurde am Funtensee mit minus 45,9 Grad Celsius die bisher tiefste Temperatur des Landes gemessen. Das Kälteextrem ist der topografischen Lage des Gewässers zu verdanken, das von Bergen umschlossen ist und auf dem Grund eines Beckens liegt. In den Wintermonaten fallen die Strahlen der tief stehenden Sonne selten bis auf den Grund des Bergkessels. Die Restwärme strahlt in klaren Nächten ab. Da die kalte Luft nicht aus der Senke abfließen kann, bildet sich ein Kaltluftsee. Daher ist es oben am See an manchen Tagen um 30 Grad kälter ist als unten im Tal. Vom Winter bis ins Frühjahr hinein bedeckt eine dicke Eisschicht den Funtensee.

Mal eben schnell hinfahren geht nicht, man muss schon hinauf zum See wandern. Dafür sollte man fit und trittfest sein, denn die Wanderung ist kein Spaziergang. Idealer Ausgangspunkt ist Sankt Bartholomä, wohin man mit einem Schiff der Königssee-Flotte gelangt. Am Ufer des Sees folgt man dem ausgeschilderten Wanderweg zwei Kilometer und geht dann aufwärts durch den Wald. Vorbei am 80 Meter hohen Schrainbach-Wasserfall über die verfallene Unterlahneralm erreicht man den Einstieg zur Saugasse, in der 36 Kehren bezwungen und 400 Höhenmeter überwunden werden müssen. Danach geht es gemächlich weiter zum Funtensee. Die gesamte Strecke ist ca. zehn Kilometer lang und bei guter Kondition in fünf Stunden zu schaffen.

Anfahrt Schiff von Königssee Seelände bis St. Bartholomä (Fahrplan siehe www.seenschifffahrt.de). Da die Wanderung hinauf ziemlich lange dauert, empfiehlt sich ein Abstieg am nächsten Tag. Übernachten kann man in der Alpenvereinshütte Kärlingerhaus am Funtensee (www.kaerlingerhaus.de).

#18 WEINBAU ALPIN

DER HÖCHSTE WEINBERG ÖSTERREICHS

Saalbach-Hinterglemm, Salzburger Land • Österreich 📍 47.6964719 | 13.3457582

SPEKTAKEL ★★★☆☆ **ERREICHBARKEIT** ★★★★☆ **KOSTEN** ★★☆☆☆ **AUFWAND** ★★☆☆☆
FÜR WEN? Weintrinker **HIGHLIGHT** Seppi's Restaurant

Einen Weinberg auf 1.212 Metern Höhe findet man nicht alle Tage. Und mitten im Skigebiet schon gar nicht.

So lange gibt es die Alpenwinzerei noch gar nicht. Erst 2019 haben Sepp Fersterer und Johann Müllner zwischen Skipisten und Kuhweiden auf ihrem ein Hektar großen Weinberg 2.500 Solaris-Rebstöcke gepflanzt. Diese spezielle Rebsorte gilt als besonders widerstandsfähig und ist für kühle Anbaugebiete gut geeignet, da sie Temperaturen von bis zu minus 20 Grad Celsius aushält. Auch der Schnee bis in den April hinein stellt für den Anbau kein Problem dar – er bietet Schutz und Wasserversorgung, und dem Schmelzwasser im Frühjahr machen Drainagen oberhalb des Weinbergs den Garaus.

Da die Solarisrebe krankheits- und pilzresistent ist, werden keine Pflanzenschutzmittel benötigt, was einen biologischen Weinbau erlaubt. Der gute Boden und die vielen warmen Sommertage in Saalbach-Hinterglemm tun ihr Übriges. Verläuft alles nach Plan, kann die erste Ernte 2022 stattfinden.

Ganz unerfahren sind die beiden Gründer der Alpenwinzerei nicht. Johann Müllner ist Winzer und führt das gleichnamige Weingut in Krems. Die Familie von Sepp Fersterer, Hotelier des Art & Ski-In Hotel Hinterhag und Chef des Restaurants Seppi's, besitzt einen Weinberg in der Toskana, wo er quasi aufwuchs. Der Weinbau ist für ihn also kein unbekanntes Terrain.

Anfahrt Zum Beispiel ab Bahnhof Zell am See mit Bus-Linie 680 nach Saalbach-Hinterglemm (45 Minuten). Die Alpenwinzerei liegt direkt neben der Kohlmais-Abfahrt, nicht weit von der Hinterhag-Alm der Fersterers. Mit dem Auto über die Glemmer Straße/Glemmtaler Landesstraße.

Weitere Infos www.saalbach.com und www.hinterhag.at

#19 DUNKLER GEHT'S KAUM
DER DUNKELSTE ORT DEUTSCHLANDS

Gülpe, Brandenburg • Deutschland ♀ 52.7221234 | 12.2120087

SPEKTAKEL ★★★★☆ **ERREICHBARKEIT** ★★★★★ **KOSTEN** ★☆☆☆☆ **AUFWAND** ★☆☆☆☆
FÜR WEN? Sternengucker **HIGHLIGHT** Sternschnuppen

Zappenduster ist es in Gülpe in der Nacht, aber der Himmel so klar, dass man unzählige Sterne in ihrem vollen Glanz sehen kann.

Es liegt an der dünnen Besiedlung des Westhavellandes, dass die Nächte dort so dunkel sind, dass man nicht nur die Milchstraße mit ihren zig Milliarden Sternen am Himmel sehen kann, sondern auch den sogenannten »Airglow«. Dieses schwach grünlich leuchtende Nachthimmellicht, das in der oberen Lufthülle der Erde durch die Ionisation von Sauerstoff und Stickstoff entsteht, wird in dicht besiedelten Gebieten und Städten normalerweise durch künstliches Streulicht überstrahlt. Weil es am nächtlichen Firmament so hell funkelt, wurde das Westhavelland im Februar 2014 zum ersten deutschen Sternenpark ernannt.

Aber nirgendwo in der Region soll die Nacht schwärzer sein und die Sterne heller leuchten als in Gülpe, einem Ortsteil von Havelaue. Unter Astronomen gilt der Ort am Gülper See als der dunkelste Ort Deutschlands. Der Himmel des kleinen Örtchens ist nachts von funkelnden Sternen übersät. So richtig spektakulär wird es in der ersten Augusthälfte, wenn der jährlich wiederkehrende Sternschnuppenschauer »Perseiden« am Nachthimmel erscheint. Bis zu 100 Sternschnuppen regnen dann pro Stunde mit 60 Kilometern in der Sekunde vom Himmel herab.

Wer eine Sternschnuppe sichtet, hat einen Wunsch frei, so der Aberglaube. Der Wunsch soll in Erfüllung gehen, sofern er geheim bleibt. Da bieten sich in Gülpe gleich unzählige Gelegenheiten für Wünsche!

Anfahrt Zum Beispiel ab Berlin Hauptbahnhof mit der Regionalbahn nach Rathenow, dort mit Bus-Linie 684 nach Gülpe, mit dem Auto via B5, ab Rathenow B102 und L175.
Weitere Infos www.westhavelland.de und www.nabu-westhavelland.de
Tipp Einmal im Jahr findet in Gülpe der »WestHavelländer Astrotreff« (WHAT) statt. (www.sternenpark-westhavelland.de)

#20 STADT DER BÜCHSENMACHER

DIE SÜDLICHSTE STADT ÖSTERREICHS

Ferlach, Kärnten • Österreich 📍 46.5255445 | 14.299843

SPEKTAKEL ★★☆☆☆   **ERREICHBARKEIT** ★★★★★   **KOSTEN** ★☆☆☆☆   **AUFWAND** ★☆☆☆☆
FÜR WEN? History-Fans   **HIGHLIGHT** Das Meerauge

Südlicher als Ferlach geht es in der Alpenrepublik nicht, zumindest nicht städtemäßig. Fährt man weiter Richtung Süden, ist es zur slowenischen Hauptstadt Ljubljana nur ein Katzensprung.

Mit Seen und Badestränden glänzt der Hauptort des Rosentals nicht, dafür mit Naturschönheiten in der Umgebung. Im Loibltal liegt die wildromantische Tscheppaschlucht, die mit steilen Felsen, schmalen Steigen und tosenden Wasserfällen für Abenteuerstimmung sorgt, und im Bodental lockt das eiszeitliche Überbleibsel »Meerauge« mit seinem türkis-blauen Wasser.

Weltweit bekannt ist Österreichs südlichste Stadt vor allem für eines: Waffenproduktion. Bereits um 1551 wurden hier Waffen erzeugt, im Jahr 1641 waren im Raum Ferlach über 40 Büchsenmachermeister tätig. Zwischen 1740 und 1780 erlebte das Büchsenmachergewerbe seinen Höhepunkt und gelangte zu Weltruhm. Mit den Waffen wurde nicht nur das österreichische Heer ausgerüstet, sondern auch die Armeen anderer Länder wie Frankreich, Italien, Spanien und Türkei. Als die Nachfrage nach militärischen Waffen abnahm, konzentrierten sich die Buchsenmacher auf Jagdgewehre.

Die Geschichte der Ferlacher Waffenproduktion wird im Büchsenmacher- und Jagdmuseum im örtlichen Ferlach dokumentiert. Das traditionelle Büchsenmacherhandwerk wurde 2010 als »Ferlacher Büchsenmacher« zum Immateriellen Welterbe der UNESCO ernannt. 1878 wurde in Ferlach die K.u.K. Fachschule für Gewehrindustrie gegründet, heute »Höhere Technische Bundeslehr- und Versuchsanstalt Ferlach«, wo Schüler und Schülerinnen aus 21 Nationen eine Ausbildung absolvieren. Den Fachbereich »Waffen- und Sicherheitstechnik« soll es weltweit nur in Ferlach geben.

Anfahrt   Zum Beispiel ab Hauptbahnhof Klagenfurt mit Bus 5327 nach Ferlach (30 Minuten). Mit dem Auto via B91.
Weitere Informationen   www.ferlach.at

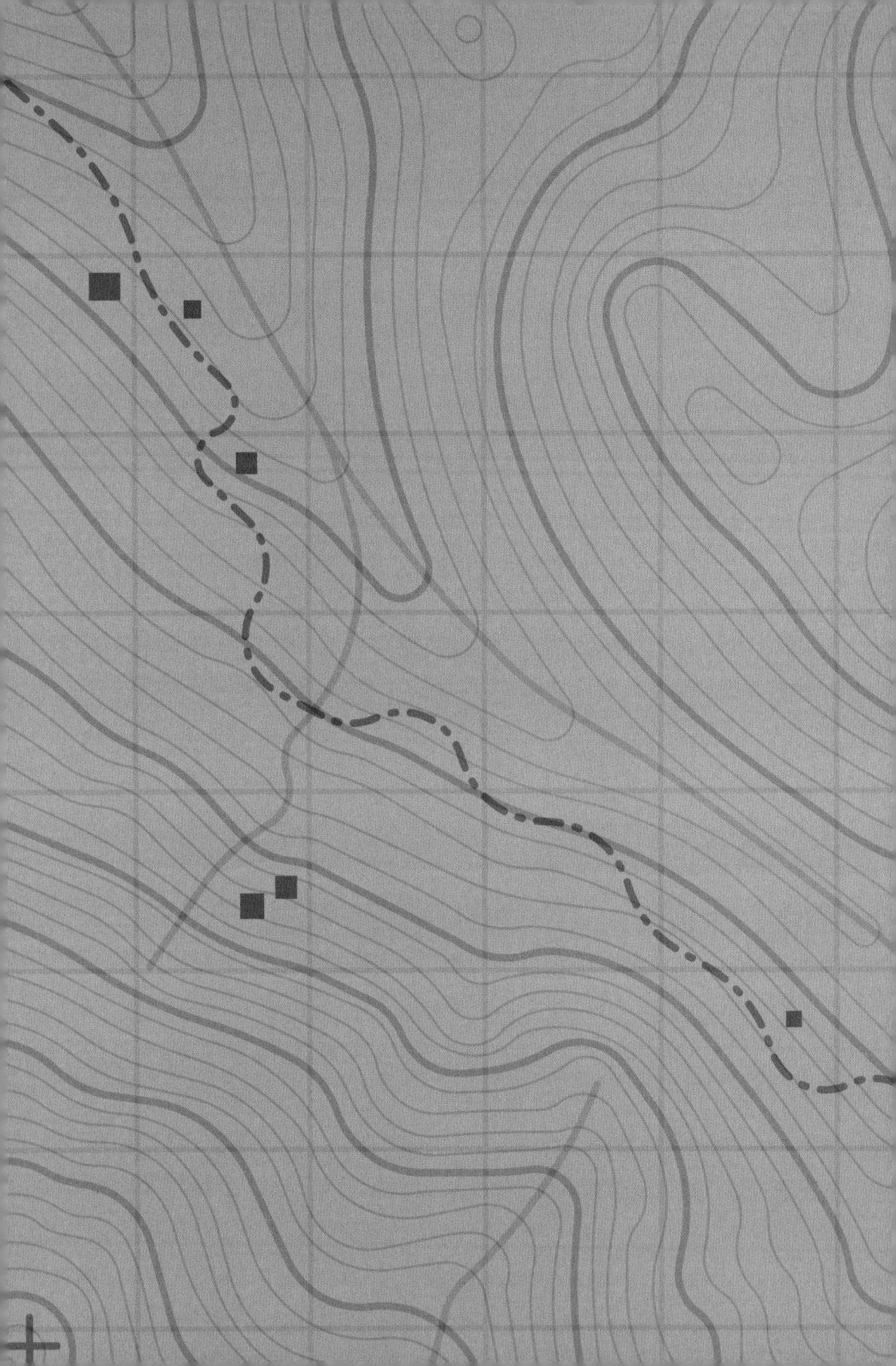

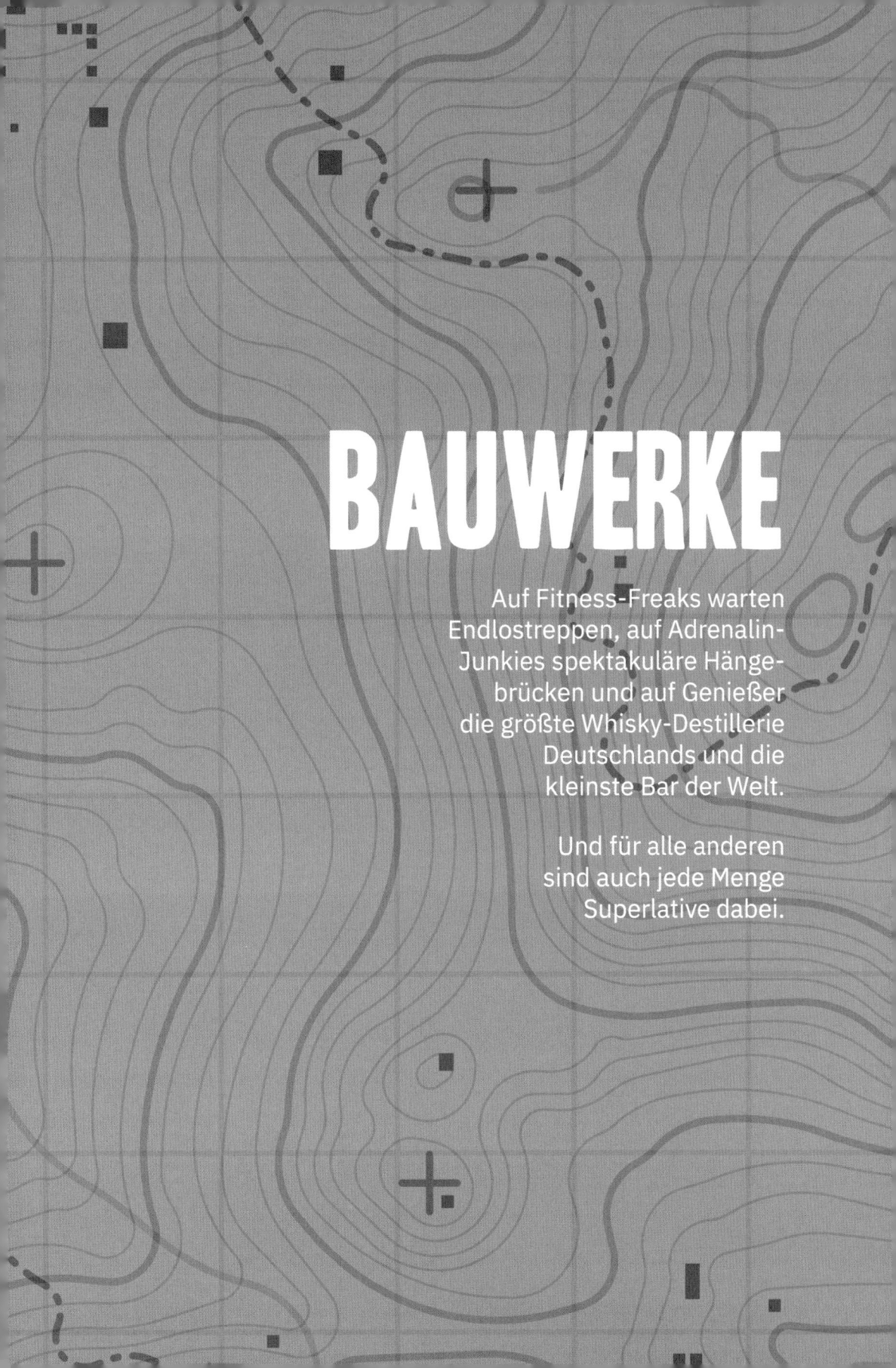

BAUWERKE

Auf Fitness-Freaks warten Endlostreppen, auf Adrenalin-Junkies spektakuläre Hängebrücken und auf Genießer die größte Whisky-Destillerie Deutschlands und die kleinste Bar der Welt.

Und für alle anderen sind auch jede Menge Superlative dabei.

#21 DER SCHNELLSTE WEG ZUM GIPFEL

DIE LÄNGSTE TREPPE DER WELT

Mülenen, Bern • Schweiz   📍 46.63931 | 7.690255

| SPEKTAKEL ★★★★ | ERREICHBARKEIT ★★ | KOSTEN ★★ | AUFWAND ★★★★★ |
| FÜR WEN? Himmelsstürmer | HIGHLIGHT Sonnenaufgangsfahrt | | |

11.674 Stufen auf 3,4 Kilometern Länge – weltweit ist keine andere Treppe so lang wie die Niesentreppe in Mülenen im Berner Oberland. Besteigen darf sie aber nicht jeder.

Die Treppe, die für das Wartungspersonal der Standseilbahn und für Notfallsituationen gebaut wurde, führt entlang der Gleise hinauf auf den Gipfel des pyramidenförmigen Niesen. Für die Öffentlichkeit ist die laut Guinness-Buch der Rekorde längste Treppe der Welt allerdings nur einmal im Jahr zugänglich. Allerdings ausschließlich für Teilnehmer des Niesen-Treppenlaufs im Juni. Die schnellsten schaffen es in einer Stunde nach oben – der bisherige Rekord lag bei etwas über 55 Minuten (exakt 55:55,70). Die letzten schinden sich in zweieinhalb Stunden treppaufwärts.

Beim Treppenlauf muss ein Höhenunterschied von 1.669 Metern bewältigt werden und ein maximaler Steigungswinkel von 68 Grad. Der Start liegt auf 693 Metern in der Talstation, das Ziel auf der Bergstation auf 2.362 Metern Höhe. Die Teilnehmer und Teilnehmerinnen aller Altersklassen starten mit jeweils drei Läufern in Intervallen von je 20 Sekunden.

Die Niesenbahn, die neben der längsten Treppe der Welt zum Berg hinauf tuckert, ist eine der längsten Standseilbahnen Europas. Sie wurde nach vierjähriger Bauzeit im Juni 1910 eröffnet – die Fahrt von der Tal- zur Bergstation dauerte damals 50 Minuten. Dank technischer Verbesserungen konnte die Fahrtzeit später auf 28 Minuten verkürzt werden. Ein absolutes Highlight sind die Sonnenaufgangsfahrten, die bei gutem Wetter stattfinden – der Sonnenaufgang auf dem Gipfel des Niesen ist spektakulär.

Anfahrt Zum Beispiel ab Bahnhof Thun mit der Regionalbahn nach Mülenen (18 Minuten). Die Talstation der Niesenbahn ist nur wenige Meter vom BLS-Bahnhof entfernt. Mit dem Auto via A6.
Weitere Infos www.niesen.ch

#22 DIE VOGELPERSPEKTIVE ERLEBEN

DER HÖCHSTE HOLZAUSSICHTSTURM DEUTSCHLANDS

Harzturm, Torfhaus, Niedersachsen • Deutschland ⬤ 51.803222 | 10.5348889

SPEKTAKEL ★★★★ **ERREICHBARKEIT** ★★★★ **KOSTEN** ★★☆☆ **AUFWAND** ★★☆☆
FÜR WEN? Schwindelfreie **HIGHLIGHT** Edelstahlrutsche

65 Meter schraubt sich die spiralförmige Holzkonstruktion in der höchstgelegenen Ortschaft Niedersachsens in die Höhe und gibt einen phänomenalen Blick auf den Brocken und Nationalpark Harz frei.

Zu Fuß hinaufsteigen muss man nicht, dafür sorgt ein Aufzug. Auf 45 Metern Höhe verschafft ein gläserner Skywalk Adrenalinschübe und eine spektakuläre Sicht auf die Harzer Landschaft. Weniger Abenteuerlustige wird auf den beiden Aussichtsplattformen weiter oben eine fast ebenso grandiose Aussicht geboten – der über 1.140 Meter hohe Brocken, im Volksmund auch Blocksberg, scheint zum Greifen nah. Hinunter geht es ganz rasant auf einer 110 Meter langen Erlebnisrutsche, die sich spiralförmig um den Turm schlingt. Wer sich nicht traut, nimmt den Lift oder die Treppe. Bei seiner Eröffnung im Spätsommer 2022 wird der Harzturm den 53,20 Meter hohen Eichbergturm im Schwarzwald als höchsten Aussichtsturm Deutschlands ablösen.

Dass der Harzturm gerade in Torfhaus, einem Ortsteil von Altenau-Schulenberg errichtet wurde, mag daran liegen, dass der höchste Aussichtsturm des Landes auch an einem hoch gelegenen Ort stehen sollte. Zwar ist Torfhaus mit seinen nicht einmal 50 Einwohnern nicht der höchstgelegene der Republik, aber mit 812 Metern doch immerhin der höchste Niedersachsens. Dazu passt auch, dass der Ort im Nationalpark Harz zu den beliebtesten Tourismuszielen für Wanderer und Wintersportler im Oberharz gehört und zudem gefragter Ausgangsort für anspruchsvolle Wanderungen ist. Der Name rührt übrigens daher, dass in dem kleinen Örtchen vom 16. bis 18. Jahrhundert Torfabbau betrieben wurde.

Anfahrt Ab Bahnhof Bad Harzburg mit Bus-Linie 820 nach Torfhaus (12 Kilometer), mit dem Auto via B4.
Weitere Infos www.harzturm.de und www.oberharz.de/orte/torfhaus

#23 ZIMMER MIT AUSSICHT

DAS HÖCHSTGELEGENE HOTEL DER SCHWEIZ

Zermatt, Wallis • Schweiz ♀ 45.9833084 | 7.7806569

SPEKTAKEL ★★★★★ **ERREICHBARKEIT** ★★★★ **KOSTEN** ★★★★ **AUFWAND** ★★
FÜR WEN? Höhenliebende **HIGHLIGHT** Der Blick aufs Matterhorn

Gipfel, soweit das Auge reicht. Mit der Luxusherberge »3100 Kulmhotel« auf dem Gornergrat kann in puncto Aussicht kaum ein anderes Alpenhotel mithalten – und das nicht erst seit gestern.

Der Berggrat, auf dem das Hotel steht, befindet auf einer Höhe von 3.135 Metern und bietet einen Blick auf über 20 Viertausender, darunter das Matterhorn, den Liskamm und den Monte Rosa, dessen Hauptgipfel mit 4.634 Metern den höchsten Punkt der Schweiz bildet.

Als sich in den 1870er-Jahren der Tourismus in der Region langsam entwickelte, wurde 1896 das frühere Hotel Bélvèdere auf dem Gornergrat gebaut. Damit die Gäste bequem anreisen konnten, wurde zwei Jahre später mit der Gornergratbahn die erste elektrische Zahnradbahn der Schweiz in Betrieb genommen. Mit dieser stieg der Touristenstrom stark an. Ein größeres Hotel war vonnöten. So entstand das trutzige Kulmhotel, das nach mehrjähriger Bauzeit 1907 seine Pforten öffnete. Man hat die Qual der Wahl: aufwachen mit Matterhorn- oder Monte-Rosa-Blick oder irgendeinen anderen Gipfel oder Gletscher? In der Juniorsuite im Turm hat man dank vier Fenstern gleich Sicht auf beide Gipfel.

In den 1960er-Jahren wurden die beiden Türme des Hotels mit aluminiumsilbernen Kuppeln aufgestockt und darin astronomische Observatorien untergebracht. Bis ins Jahr 2010 wurde im Stellarium Gornergrat internationale Forschung betrieben. Die Südkuppel beherbergt heute das erste pädagogische Teleskop der Schweiz, das Astronomie für Schüler, Studenten und Besucher des Gornergrats zugänglich macht.

Anfahrt Ab Bahnhof Zermatt mit der Gornergratbahn hinauf zum Gornergrat (33 Minuten), dann 230 Meter Fußweg bis zum Hotel. Fahrplan auf www.gornergrat.ch/de. Die Zahnradbahnfahrt mit Blick auf das Matterhorn ist spektakulär! Mit dem Auto über die Vispastraße (ca. 6 Kilometer).
Weitere Infos www.gornergrat-kulm.ch und für astronomisch Interessierte: https://stellarium-gornergrat.ch

#24 CHUTZENTURM

DER HÖCHSTE HOLZTURM DER SCHWEIZ

Frienisberg, Gemeinde Seedorf, Bern • Schweiz 📍 47.0148964 | 7.3239674

SPEKTAKEL ★★★★★   **ERREICHBARKEIT** ★★★☆☆   **KOSTEN** ★☆☆☆☆   **AUFWAND** ★★★☆☆
FÜR WEN? Turmsteiger   **HIGHLIGHT** Blick auf Eiger, Mönch und Jungfrau

Er ist nicht nur der höchste hölzerne Aussichtsturm der Alpenrepublik, sondern auch der schönste im Kanton Bern.

Würde nicht das obere Stück des Turmes hinter den Tannen hervorlugen, übersähe man ihn vor lauter Bäumen fast. Die imposante Holzkonstruktion mit der zickzackförmigen Treppe wurde im Frühjahr 2010 in nur sieben Wochen auf dem höchsten Punkt des Frienisbergs errichtet. Vier Baumstämme, Douglasien aus der Umgebung, bilden die Hauptpfeiler. Die 234 Treppenstufen, auf denen die Namen der Sponsoren stehen, sind aus Eichenholz. Bei seiner Eröffnung am 26. Juni 2010 löste der 45 Meter hohe Chutzenturm den drei Meter niedrigeren Aussichtsturm Chuderhüsi im Emmental als höchsten Holzturm der Schweiz ab.

Der Turm ist auf 15, 30 und 40 Metern mit Plattformen samt Tischen und Bänken ausgestattet. Wer sich wegen mangelnder Schwindelfreiheit nicht zur obersten Plattform hinauf wagt, kommt bei der Aussicht trotzdem nicht zu kurz, denn bereits auf 15 Metern Höhe bietet sich ein herrlicher Blick über kleine Dörfer, Felder, Wiesen und Bauernhöfe.

Je höher man im Zickzackkurs die Treppen hinaufsteigt, desto lauter hört man das windige Rauschen der Tannen. Oben angekommen, bietet sich bei klarer Sicht ein spektakulärer Blick über einen großen Teil des Kantons. Im Süden ragen die Hochhäuser Berns sowie Eiger, Mönch und Jungfrau in den Himmel, im Norden sieht man den Jurabogen und das Seeland, und bei wetterbedingt besonders guter Sicht reicht der Blick sogar bis zum Mont Blanc im benachbarten Frankreich.

Anreise Ab Bahnhof Bern mit Postautolinie 105 Bern-Lyss bis Frienisberg. Dort weisen Pfeile auf den Chutzenturm hin. Mit dem Auto: Autobahn E25, Ausfahrt 6 Richtung Aarberg, ab Seedorf ist der Chutzenturm ausgeschildert. Parkplatz »Försterstein« oberhalb des Dorfes Frienisberg, von dort zu Fuß ca. 25–30 Minuten.

#25 BLICK MIT KICK

DIE LÄNGSTE FUSSGÄNGERHÄNGEBRÜCKE ÖSTERREICHS

Reutte, Tirol • Österreich   📍 47.4641502 | 10.7186206

SPEKTAKEL ★★★★★   **ERREICHBARKEIT** ★★★★☆   **KOSTEN** ★★☆☆☆   **AUFWAND** ★★☆☆☆
FÜR WEN? Schwindelfreie   **HIGHLIGHT** 360°-Panorama

In luftiger Höhe überquert die highline179 die Fernpassstraße B179. Das Guinness-Buch der Rekorde fackelte nicht lange – schon einen Monat nach ihrer Eröffnung erhielt die Hängebrücke im Dezember 2014 den Eintrag als weltweit »längste Fußgängerhängebrücke im Tibet-Stil«.

Zwar gibt es auf dem Erdball mittlerweile längere Fußgängerhängebrücken, aber garantiert keine, auf der Innovation und Geschichte auf diese Weise zusammentreffen. Wo sonst führt ein 70 Tonnen schweres Stahlkonstrukt in 114 Metern Höhe von einem geschichtsträchtigen Bau zum anderen? Die highline179 verbindet die Burgruine Ehrenberg (13. Jahrhundert) mit dem Fort Claudia (17. Jahrhundert) – das Überqueren der Brücke in beide Richtungen gleicht quasi einer Zeitreise. So kommen schwindelfreie History-Fans und Wagemutige gleichsam auf ihre Kosten.

Wer seine Höhenangst testen will, ist hier genau richtig. Die offene und schlanke Konstruktion der Brücke vermittelt geradezu den Eindruck, als würde man beim Hinüberschreiten schweben. Ganz besonders an windigen Tagen, wenn sie etwas wackelt.

406 Meter sind es von einem Ende zum anderen. Schaut man durch die 1,20 Meter breite Lauffläche aus Gitterrosten in die Tiefe, scheint die Welt darunter weiter entfernt zu sein, als sie es tatsächlich ist. Ringsum fällt der Blick auf grüne Wälder und imposante Bergketten. Und auf dem Weg zurück zur Burgruine Ehrenburg auf einem felsigen Hügel. Dort wartet auf Fans mittelalterlicher Geschichte in 14 Räumen die spannende Ausstellung »Dem Ritter auf der Spur«, die mit Film, Ton- und Lichteffekten das Mittelalter ins 21. Jahrhundert transportiert.

Anfahrt   Ab Reutte Isserplatz mit Bus-Linie 150 bis Haltestelle »Ehrenberger Klause«, dann 400 Meter zu Fuß. Ein Schrägaufzug, der »Ehrenberg Liner«, fährt hinauf zur Burg, wo im Besucherzentrum die Tickets für die highline179 verkauft werden. Mit dem Auto über Lechtal Straße/B198 und Fernpassstraße/B179.
Weitere Infos   www.highline179.tirol

#26 BODENLOSER GLETSCHERBLICK

DIE HÖCHSTE 3S-SEILBAHN DER WELT

Zermatt, Wallis • Schweiz   45.971396 | 7.72222

SPEKTAKEL ★★★★☆ **ERREICHBARKEIT** ★★★★★ **KOSTEN** ★★★☆☆ **AUFWAND** ★★☆☆☆
FÜR WEN? Höhenflieger **HIGHLIGHT** Glasbodenblick

Die Seilbahn der Superlative »Matterhorn Glacier Ride« bietet einen unschlagbaren Rundumblick auf die hochalpine Bergwelt. Mehr Panoramablick bietet nur ein gläserner Helikopter.

In der Luxuskarosse der Seilbahnen sitzt man auf beheizten Ledersitzen, anstatt dicht gedrängt nebeneinander zu stehen, hat dank Rundum-Panoramaverglasung eine atemberaubende Sicht auf Berge und Gletscher und fast das Gefühl, im Himmel zu schweben.

Die höchste Dreiseilumlaufbahn der Welt wurde im Herbst 2018 nach zweieinhalbjähriger Bauzeit eröffnet. Sie verfügt über 25 Kabinen für je 28 Personen, von denen vier innen und außen mit 280.000 Swarowski-Kristallen veredelt wurden. Diese vier sogenannten »Crystal-Ride-Kabinen« sind mit einem verdunkelten Glasboden ausgestattet, der sich drei Minuten nach dem Start klärt und einen Blick auf den darunterliegenden Theodulgletscher freigibt. Die Fahrt hinauf zur höchsten Bergstation Europas auf 3.820 Metern dauert 8,5 Minuten, in denen die Seilbahn rund 3,7 Kilometer und 890 Höhenmeter überwindet.

Auf der Bergstation geht es mit dem Gipfellift noch weiter hinauf zur höchsten Aussichtsplattform Europas, die eine spektakuläre 360°-Sicht auf 38 Viertausender und 14 Gletscher bietet. Dank Panoramatafeln ist es relativ leicht auszumachen, wo sich welcher Gipfel befindet.

Der nächste Superlativ lässt nicht lange auf sich warten. Am Klein Matterhorn entsteht mit der AlpineX die höchste Seilbahnüberquerung der Alpen. Die Glacier Ride II soll Zermatt mit Cervina in Italien verbinden und, sofern alles nach Plan verläuft, 2022 ihre erste Fahrt antreten.

Anfahrt Ab Bahnhof Zermatt mit der Grünen Linie bis zur Talstation »Glacier Paradise«. Der Glacier Ride startet in Zermatt an der Bergbahnstation Trockener Steg auf 2.939 Metern.
Weitere Infos
www.matterhornparadise.ch

#27 FITNESSGERÄT DER ALPEN

DIE LÄNGSTE GERADE TREPPE EUROPAS

Europatreppe 4000, Partenen, Vorarlberg • Österreich 📍 46.967921 | 10.056521

SPEKTAKEL ★★★★★ **ERREICHBARKEIT** ★★★☆☆ **KOSTEN** ★☆☆☆☆ **AUFWAND** ★★★☆☆
FÜR WEN? Passionierte Treppensteiger **HIGHLIGHT** Die Herausforderung

Kerzengerade führen unzählige unterschiedlich hohe Stufen zur Bergstation Trominier auf 1.731 Meter hinauf. Mit einer Neigung von bis zu 86 Prozent ist der Aufstieg stellenweise ganz schön steil. Die 3.609 Stufen wurden aufgerundet und so zur Europatreppe 4000.

Ursprünglich wurde die gigantische Stiege 1928 als Wartungstreppe für den Schrägaufzug gebaut, der für die Bauarbeiten der Kraftwerksanlagen an der obersten Ill notwendig war, um die nicht wintersichere Passage der heutigen Silvretta-Hochalpenstraße durch Direktanstieg um 700 Höhenmeter zu überbrücken. Der Aufzug wurde ab 1959 für den öffentlichen Verkehr genutzt und war danach 35 Jahre lang im Einsatz, bis er 1994 durch eine Seilschwebebahn ersetzt wurde, die den Namen des Schrägaufzugs »Vermuntbahn« übernahm.

Die Wartungstreppe, die entlang der ehemaligen Aufzugstrasse verläuft, erfüllte ihren Zweck als solche nun nicht länger. Da kam man Ende der 1990er-Jahre auf die Idee, die Treppe für den Montafoner Treppencup zu nutzen. Eine ganz schöne Schinderei – nicht nur wegen des extremen Steigungswinkels, sondern auch wegen der unterschiedlichen Beschaffenheit der Stufen, die mal höher, mal niedriger, mal kürzer, mal länger sind. Auf die Teilnehmenden aus dem In- und Ausland wartet hier eine echte Herausforderung. 700 Höhenmeter müssen überwunden, 1,5 Kilometer bewältigt werden. Die Bestzeit lag bisher bei etwas über 22 Minuten. Der bisher letzte Cup fand 2014 statt. Danach wurde die Europatreppe gesperrt und umfangreich saniert.

Eine Wiedereröffnung ist für Sommer 2022 geplant. In Zukunft soll auch der Treppencup wieder stattfinden. Man kann allerdings auch jederzeit einen Sololauf absolvieren, denn die Treppe ist für jeden zugänglich.

Abfahrt Zum Beispiel ab Bahnhof Schruns mit Bus-Linie 85 nach Partenen, Station »Bergbahnen«. Mit dem Auto via B188.
Weitere Infos
www.gaschurn-partenen.at und
www.montafon.at

#28 ÜBERNACHTEN IM KOFFER

DAS KLEINSTE HOTEL DER WELT

Amberg, Bayern • Deutschland   ♦ 49.4447778 | 11.8526583

SPEKTAKEL ★★★★☆	**ERREICHBARKEIT** ★★★★★	**KOSTEN** ★★★★☆	**AUFWAND** ★☆☆☆☆
FÜR WEN? Verliebte	**HIGHLIGHT** Whirlpool		

Nicht in einer Millionenmetropole in Asien, sondern im oberpfälzischen Amberg steht das weltweit kleinste Hotel. Im Jahr 2008 schaffte es das »Eh'Häusl« als solches ins Guinness-Buch der Rekorde und hält seitdem seine Spitzenposition.

Dass dieses nur 2,50 Meter breite Haus im Jahr 1728 entstand, hatte einen ganz bestimmten Grund. Damals durfte in Amberg nur heiraten, wer einen schuldenfreien Haus- und Grundbesitz nachweisen konnte. Arme Leute hatten deshalb überhaupt keine Chance, eine Ehe zu schließen. Das brachte einen findigen Kaufmann auf die Idee, in einer schmalen Lücke zwischen zwei Häusern in der Seminargasse vorne und hinten eine Mauer zu ziehen und das Konstrukt mit einem Dach zu krönen. Schon war das Häuschen fertig.

Wer dieses Haus erwarb, hatte Immobilienbesitz und konnte seine Auserwählte heiraten. Das jeweilige Paar verkaufte sein schmales Domizil an die nächsten Heiratswilligen ohne Grundbesitz usw. So kam das Haus im Volksmund zu seinem Namen Eh'häusl (Ehe-Haus).

Im Jahr 1977 wurde das Häusl von der Stadt zum Hotel umfunktioniert und im Zuge einer Totalsanierung 2008 in eine Luxus-Eremitage für maximal zwei Personen verwandelt.

Eine Rezeption gibt es nicht. Man tritt durch die Tür und hat das XS-Hotel ganz für sich. Das Haus hat insgesamt 56 Quadratmeter, die sich auf sechs Mini-Ebenen verteilen. Das macht im Schnitt weniger als zehn Quadratmeter pro Zimmer (Eingangsbereich, Kamin-Lounge mit Fernseher, roter Salon, Schlafzimmer, Bad, Whirlpool-Etage). Zu den Zimmern gibt es bis aufs Bad keine Türen – sie liegen auf dem Treppenabsatz.

Anfahrt   Zu Fuß sind es vom Bahnhof Amberg nur 11 Minuten bis zum Eh'häusl in der Seminargasse 8. Ansonsten ab Bahnhof mit Bus-Linie 460 bis Haltestelle »Max-Reger-Gymnasium«, dann noch ca. 6 Minuten zu Fuß. Mit dem Auto via Kaiser-Ludwig-Ring und Pfalzgrafenring.
Weitere Infos
www.ehehaeusl.de

#29 SAKRALTURM MIT ALPENBLICK
DER HÖCHSTE KIRCHTURM DER SCHWEIZ

Berner Münster, Bern • Schweiz   46.9472221 | 7.4512025

| SPEKTAKEL ★★★★ | ERREICHBARKEIT ★★★★ | KOSTEN ★ | AUFWAND ★ |
| FÜR WEN? Turmsteiger | HIGHLIGHT Gipfelblick | | |

Das Berner Münster bietet gleich zwei Superlative – den höchsten Kirchturm und die größte Glocke der Schweiz.

Im Südosten fällt der Blick auf die Berner Alpen mit Eiger, Mönch und Jungfrau, im Südwesten auf einen kleinen Ausschnitt der Freiburger Alpen, im Nordosten und Nordwesten auf die Juraketten. Sofern das Wetter klar ist. Ist der Himmel trüb, liegen einem unter der Aussichtsplattform in luftiger Höhe zumindest der Münsterplatz und das von der Aare umflossene Häusermeer zu Füßen.

Dreihundertzwölf Stufen einer engen Wendeltreppe sind es hinauf zur Aussichtsplattform. Die erste Galerie erreicht man nach 222 Stufen – in 46 Metern Höhe bietet sich ein fantastischer Blick auf den Zeitglockenturm und die Dächer der Altstadt. Man befindet sich im spätgotischen Bereich des Turms, der zwischen 1481 und 1588 erbaut wurde und hier endete. Weitergebaut wurde erst über 300 Jahre später – seine volle Höhe erreichte der Turm erst 1893 und war nun mit 101 Metern der höchste Kirchturm des Landes. Weitere 90 Stufen sind es hinauf zur zweiten Galerie im neugotischen Stil und zur Aussichtsplattform mit atemberaubendem Alpenpanorama.

Beim Auf- und Abstieg im Treppenturm gibt es allerhand handwerkliche Details zu sehen, die von den Steinmetzen beim Turmbau in Stein gehauen wurden. So zu Beispiel Wasserspeier, einen Affen und einen Frosch. Einen Blick in die beiden Glockenstuben sollte man beim Abstieg nicht verpassen. Die obere beherbergt vier der insgesamt sieben Glocken des Münstergeläuts, die unteren die »Große Glocke«, die mit knapp zehn Tonnen die größte der Schweiz ist, die Armesünderglocke und die Burgerglocke aus dem Jahr 1403. Letztere wird als einzige noch heute von Hand geschlagen. Allerdings nur einmal im Jahr zum Jahreswechsel.

Anfahrt Ab Hauptbahnhof Bern mit Bus Nr. 12 oder Tram 7/9 bis Haltestelle »Zytglogge«, dann 3 Minuten Fußweg. Mit dem Auto über Schwarztorstraße.
Weitere Infos
www.bernermuenster.ch/de

#30 VON GIPFEL ZU GIPFEL SPAZIEREN

DIE SPEKTAKULÄRSTE HÄNGEBRÜCKE DER SCHWEIZ

Les Diablerets, Waadt • Schweiz   📍 46.3257953 | 7.2057817

| SPEKTAKEL ★★★★ | ERREICHBARKEIT ★★★ | KOSTEN ★★★ | AUFWAND ★★★ |
| FÜR WEN? Schwindelfreie | HIGHLIGHT Grandiose Alpensicht | | |

Der »Peak Walk by Tissot« auf dem Glacier 3000 ist die erste Hängebrücke der Welt, die zwei Gipfel in schwindelerregender Höhe miteinander verbindet.

Mit gerade einmal 80 Zentimetern Breite ist die stählerne Brücke ganz schön schmal. Sie verläuft zwischen den Bergspitzen des 2.971 Meter hohen Scex Rouge und dem fünf Meter tiefer liegenden Vorgipfel View Point. 107 Meter sind es von einem Gipfel zum anderen. Beim Überqueren der Brücke scheinen die umliegenden Gipfel zum Greifen nah, sofern man nicht nur stur geradeaus blickt. Belohnt wird man am anderen Ende des Stahlkonstrukts mit einem spektakulären Blick auf den Rücken des Matterhorns, den Mont Blanc, den Eiger, die Jungfrau und den Mönch sowie über das Berner Oberland, das Wallis und den Jura.

Die im Herbst 2014 eröffnete Hängebrücke hängt an vier Hauptdrahtseilen, die einen Durchmesser von jeweils 4,5 Zentimetern haben und soll ein Gewicht von bis zu 120 Tonnen aushalten. Aus Sicherheitsgründen dürfen jedoch nicht mehr als 150 Personen gleichzeitig die Brücke überqueren.

Was es mit »by Tissot« auf sich hat? Der Uhrenhersteller Tissot ist offizieller Partner des Projekts. Die Hängebrücke ist, je nach Wetterbedingungen, ganzjährig geöffnet. Für Besucher des Glacier 3000 ist die Überquerung kostenlos bzw. im Ticketpreis inbegriffen.

Der Glacier 3000, die höchste Erhebung der Waadtländer Alpen, liegt an der Grenze zwischen den Kantonen Waadt und Bern.
Anfahrt Mit dem Zug von Zürich oder Bern Gstaad, von dort mit dem Bus Nr. 180 bis Haltestelle »Col du Pillon« (Talstation Glacier 3000), dann mit der Luftseilbahn bis zur Bergstation »Scex Rouge«. Von dort erreicht man die Hängebrücke in wenigen Minuten. Mit dem Auto: Der Glacier 3000 ist von der Thunerseeregion, dem Greyerzerland und der Genferseeregion aus gut erreichbar.
Weitere Infos www.glacier3000.ch

#31 KURIOSES BESTAUNEN

DAS SCHMALSTE HAUS EUROPAS

Bregenz, Vorarlberg • Österreich   47.500947 | 9.7448172

SPEKTAKEL ★★★☆☆ **ERREICHBARKEIT** ★★★★★ **KOSTEN** ★☆☆☆☆ **AUFWAND** ★☆☆☆☆
FÜR WEN? Architekturfans **HIGHLIGHT** Der Anblick des Hauses

Das Haus in der Bregenzer Kirchstraße ist gerade mal 57 Zentimeter breit – etwas schmaler als eine Flugzeugtoilette. Trotzdem ist es hinter der Tür nicht so schmal, wie es von außen scheint.

Wann das Haus in eine bestehende Baulücke eingefügt wurde, lässt sich historisch nicht belegen. Erwähnt wurde es erstmals 1796. Damals soll es einem Wachszieher gehört haben.

Ein Jahrhundert später, 1886, erwarb der Bürstenbinder Lang das schmale Haus als Laden. Im danebenliegenden Gebäude mit der Hausnummer 27 betrieb er eine Bürstenwerkstatt, die über hundert Jahre im Besitz der Familie Lang war. Setzte sich einer zu Ruhe, übernahm der Sohn, dann dessen Sohn. Zuletzt betrieben die Langs in Haus Nummer 27 ein Kinderwagengeschäft. Dieses wurde 1999 geschlossen. Haustür und Fenster von Nummer 29 wurden zugemauert, der Eingang zusätzlich mit einem Verteilerkasten verstellt. Das schmale Kleinod war so gut wie nicht mehr sichtbar, bis der letzte Eigentümer, Gerold Lang, die Tür wieder einbauen und die Fassade restaurieren ließ.

Schmal ist das Haus übrigens nur an der Fassade und am Eingang in der Kirchstraße und das hat einen Grund: es steht in einer Kurve. Innen laufen die Wände im spitzen Winkel auseinander und geben so insgesamt 60 Quadratmeter Wohnfläche frei.

Gerold Lang verkaufte die beiden Häuser im Jahr 2012. Der neue Besitzer sanierte die Gebäude in den vergangenen Jahren, legte sie zusammen und schuf dadurch großzügige Räume. Heute befindet sich in Nummer 29 die »Galerie 9 und 20«.

Ins Guinness-Buch der Rekorde hat es das Haus nicht geschafft. Lediglich ein Schild auf der Fassade bezeichnet es als das schmalste Haus Europas.

Anfahrt Ab Hauptbahnhof Bregenz sind es 750 Meter zu Fuß zur Kirchstraße 29. Mit dem Auto: über Schweizer Straße/B202 und B190.
Weitere Infos https://visitbregenz.com

#32 STAIRWAY TO HEAVEN

DIE LÄNGSTE TREPPE DEUTSCHLANDS

Bad Wildbad, Nordschwarzwald, Baden-Württemberg • Deutschland ♦ 48.750344 | 8.5488803

| SPEKTAKEL ★★★★☆ | ERREICHBARKEIT ★★★★☆ | KOSTEN ★☆☆☆☆ | AUFWAND ★★☆☆☆ |
| FÜR WEN? Hartgesottene | HIGHLIGHT Der Blick ins Tal | | |

Die Treppe mit fast 2.000 Stufen verläuft parallel der Bergbahntrasse zum Sommerberg in Bad Wildbad. Die Fittesten schaffen es in weniger als zehn Minuten hinauf.

Es sind exakt 1.987 schmale Stufen, die sich mit einer maximalen Steigung von 53 Prozent ins schier Unendliche erstrecken. Zum Vergleich: Bis zum letzten der 102 Stockwerke des Empire State Building in New York sind es »nur« 1.576 Stufen.

Von der Talstation der Bergbahn, wo deren Fluchttreppe beginnt, bis zum Sommerberg sind es über 200 Meter Höhenunterschied auf 720 Metern Distanz. Die Fahrt mit Baden-Württembergs höchster Standseilbahn dauert sechs Minuten. Christian Riedl, mehrmaliger »Deutscher Meister im Towerrunning«, braucht nur zwei Minuten mehr. Er bezwang die stählernen Treppenstufen beim Stäffeleslauf 2019 in 8:07 Minuten. Im Jahr zuvor schaffte er die Strecke in 7:52 Minuten und 2017 sogar in 7:47 Minuten. Der Erlanger Physiker hat den Lauf, der seit 2006 stattfindet, bereits elf Mal gewonnen. 2020 und 2021 fiel der Stäffeleslauf pandemiebedingt aus.

Beim Lauf Ende Mai 2019 gingen 226 Teilnehmende an den Start – die Ältesten unter ihnen waren 79, aber mitnichten die langsamsten. Das war eine 33-Jährige mit einer Zeit von 35:47 Minuten. Der schnellste Endsiebziger schaffte es in 18:37 Minuten hinauf.

Alle 30 Sekunden starten zwei Läufer zusammen »s Stäffele nuff« – »Stäffele« ist die schwäbische Bezeichnung für Treppe. Der Lauf startet um 18 Uhr mit dem Mini-Stäffeleslauf (rund 500 Stufen bis zur Panoramastation) für Kinder zwischen sechs und 13 Jahren. Die Tagesbestzeit des Nachwuchses lag 2019 bei 2:10 Minuten. Um 19 Uhr starten Jugendliche und Erwachsene.

Anfahrt Ab Bahnhof Bad Wildbad zu Fuß 700 Meter oder direkt mit der S6 zum »Uhlandplatz / Sommerbergbahn«. Mit dem Auto über König-Karl-Straße. Veranstalter des Stäffeleslaufs ist der TSV Wildbad.
Weitere Infos www.tsvwildbad.de.com und www.bad-wildbad.de.

Lieber ein paar Stufen weniger?

Deutschlands zweitlängste Treppe ist dem Namen nach tatsächlich ein »Stairway to Heaven«. Auf der Himmelsleiter in Heidelberg müssen 1.200 Stufen Richtung Himmel bzw. Gipfelregion des Königstuhls bezwungen werden. Eine besondere Herausforderung sind die grob behauenen, unregelmäßigen Sandsteinstufen am bewaldeten Berghang, die mal höher, mal niedriger sind. Erbaut wurde die Treppe 1844 um zu vermeiden, dass Wanderer querwaldein auf den Königstuhl hinaufmarschierten und dabei junge Waldpflanzen zertraten. Da auf den Stufen hinauf 270 Höhenmeter überwunden werden müssen, nannten die Heidelberger die Treppe bald Himmelsleiter.

Noch mehr Stufen? Von der Altstadt hinauf zum Schloss sind es zusätzliche 300 Treppenstufen. Um die kommt man nicht herum, es sei denn, man fährt mit der Bergbahn hinauf. Vom Schloss sind es über den Molkenkurweg etwa 10–15 steile Gehminuten zur Himmelsleiter.

#33 ELEND ERLEBEN

DIE KLEINSTE HOLZKIRCHE DEUTSCHLANDS

Elend, Oberharz am Brocken, Sachsen-Anhalt • Deutschland ♀ 51.7434343 | 10.6849947

SPEKTAKEL ★★★☆☆ **ERREICHBARKEIT** ★★★★☆ **KOSTEN** ★☆☆☆☆ **AUFWAND** ★★☆☆☆
FÜR WEN? Kirchgänger   **HIGHLIGHT** Die bunten Glasfenster

Das Wahrzeichen Elends misst gerade mal 5 × 11 Meter. Wäre der Turm nicht, würde man das weiße Holzhäuschen mit dem roten Ziegeldach gar nicht als Kirche erkennen.

Sie steht in der Ortsmitte Elends auf der grünen Kirchwiese, davor thronen zwei uralte Eichen, die schon ein paar Jahrhunderte auf dem Buckel hatten, als das evangelische Kirchlein aus Fichtenholz gebaut und im Juni 1897 geweiht wurde. Turm und Apsis erhielt das Minigotteshaus erst sieben Jahre später.

Der Bau der Kirche wurde zum großen Teil aus Spenden Elender Bürger finanziert. Dass die Kirche kaum größer als 60 Quadratmeter ist und nur Platz für maximal 90 Personen bietet, hat seinen Grund – mehr Menschen lebten seinerzeit nicht in Elend. Der Innenraum des XS-Gotteshaus ist schlicht, ein Hingucker sind die farbigen bleiverglasten Fenster mit den vier Evangelisten Johannes, Lukas, Markus und Matthäus sowie die handgeschnitzten Figuren auf der Kanzel.

Das heute weniger als 500 Einwohner zählende Elend ist ein Ortsteil des Städtchens Oberharz am Brocken. Woher der kuriose Ortsname stammt, ist nicht ganz klar, rührt aber wohl daher, dass Elend von Wäldern umgeben in der Abgeschiedenheit liegt. Vielleicht war das Leben dort damals aber auch ein einziges Elend.

Erstmals erwähnt wurde der Ort als Flurbezeichnung »unter dem elendischen Wege« 1483. Um 1619 gab es »Haus und Hof auf dem Elende im Hartz«, wann genau die kleine Siedlung mit dem Namen Elend entstand, ist allerdings nicht bekannt.

Anfahrt Ab Wernigerode Bahnhof mit den Harzer Schmalspurbahnen nach Elend oder Bus-Linie 264 ab Haltestelle »Cafe Winkler« bis »Elend, Kirche«. Mit dem Auto via L100.

Weitere Infos www.harzinfo.de und www.stadtkirche-elbingerode.de/unsere-haeuser/elend

#34 NADELSPITZE VOR BERGKULISSE

DER SPITZESTE KIRCHTURM ÖSTERREICHS

Maria Alm am Steinernen Meer, Salzburger Land • Österreich   📍 47.4063725 | 12.904353

SPEKTAKEL ★★★☆☆	**ERREICHBARKEIT** ★★★☆☆	**KOSTEN** ★☆☆☆☆	**AUFWAND** ★☆☆☆☆
FÜR WEN? Fans von Kirchtürmen	**HIGHLIGHT** Die Fresken in der Kirche		

Kein Kirchturm ragt spitzer in Österreichs Himmel als der hochaufragende Turm der kleinen Wallfahrtskirche Maria Alm im Zentrum des gleichnamigen Ortes am Fuß des Steinernen Meeres.

Nicht nur spitz, auch ganz schön steil ist das Kirchturmdach. Sind neue Schindeln notwendig, können diese nur von extrem schwindelfreien Spezialisten verlegt werden, die sich dann mit Klettergurten und Seilsicherungen an die Arbeit machen. Mit seinen 84 Metern gilt der fünfgeschossige Turm als höchster des Landes Salzburg. Die Kirche zum Turm hatte bereits zwei Vorgängerinnen.

Die erste entstand Mitte des 12. Jahrhunderts im romanischen Stil (das ergaben Ausgrabungen), die zweite in der Zeit der Frühgotik um 1300 samt heutigem Turm. Letztere wurde 1508 zur heutigen Kirche umgebaut und vergrößert, der Turm erhöht und mit einem nadelspitzen Helm versehen.

Die Ursprünge der Wallfahrt nach Maria Alm haben mit einer Legende zu tun. Dieser nach soll ein Bär auf dem Schattenberg an der Stelle, wo der Weg in den Jetzbachgraben führt, einen Bauern zerfetzt haben. Dort wurde ein Marienbild errichtet. Menschen, die in arger Bedrängnis vor dem Bildnis beteten, sollen häufig erhört worden sein. Eine Kapelle wurde errichtet und die ersten Wallfahrten begannen. Als diese zunahmen, wurde das Marienbildnis um 1600 in die Kirche übertragen. Das älteste Votivbild stammt aus dem Jahr 1603, das farbenprächtige heutige wurde nach dem Vorbild desselben 1636 geschnitzt: die thronende Madonna mit dem Jesuskind auf dem Schoß, das in der linken Hand eine Traube hält, in der rechten ein Kreuz. Ein Blick ins Kircheninnere lohnt sich allein aufgrund der Fresken.

Anfahrt Zum Beispiel ab Bahnhof Saalfelden am Steinernen Meer mit Bus-Linie 620 nach Maria Alm. Mit dem Auto via B164.
Weitere Infos www.pfarre-mariaalm.at

#35 VON WEGEN PISA

DER SCHIEFSTE TURM DER WELT

Suurhusen, Hinte, Niedersachsen • Deutschland ♀ 53.4135714 | 7.2211785

SPEKTAKEL ★★★★	**ERREICHBARKEIT** ★★★★★	**KOSTEN** ★☆☆☆☆	**AUFWAND** ★☆☆☆☆
FÜR WEN? Fans schiefer Türme, Architekturfreunde		**HIGHLIGHT** Der Turm an sich	

Laut Guinness-Buch der Rekorde ist nicht der Torre pendente di Pisa, sondern der Kirchturm von Suurhusen in Ostfriesland der schiefste Turm der Welt. Der von Pisa ist nur bekannter.

Die kleine Kirche stand schon zwei Jahrhunderte lang auf einer Warft, als das Dorf um 1450 beschloss, einen Kirchturm anzubauen. Nicht, dass er beim Bau schiefgeraten wäre, das geschah erst im 19. Jahrhundert, als man anfing, Ländereien trockenzulegen. Der Turm, dessen Fundament aus dicken Eichenstämmen bestand, die im Grundwasser lagen und auf diese Weise konserviert wurden, stand dadurch jahrhundertelang kerzengerade. Mit der Trockenlegung der Ländereien sank der Grundwasserspiegel. Das hatte zur Folge, dass die Eichenstämme nicht länger zu 100 Prozent von Grundwasser umschlossen waren. Luft drang ein und das Holz fing an zu vermodern.

Der Turm drückte im Laufe der Jahrzehnte mit seinem tonnenschweren Gewicht auf die Stämme, die dem Druck bald nicht mehr standhalten konnten und anfingen, nachzugeben. Als der Turm umzukippen drohte, wurde er 1975 für die Öffentlichkeit gesperrt. Durch Restaurierungsarbeiten konnte er stabilisiert und zehn Jahre später wieder eröffnet werden. Der 27,37 Meter hohe Turm hat einen Neigungswinkel von 5,19 Grad. Zum Vergleich: Der Neigungswinkel des schiefen Turms von Pisa beträgt nur 4 Grad.

Klar, es gibt schiefere Türme auf der Erde als in Suurhusen. Diese wurden jedoch mit Absicht als Attraktion in Schieflage gebaut. Der Turm der kleinen evangelischen Kirche hält seit 2007 seinen Rekord als nicht absichtlich schief gebauter Turm. Da kann Pisa nicht mithalten!

Anreise Suurhusen liegt 7 Kilometer nördlich von Emden an der B210. Ab Emden Bahnhof mit Bus-Linie 410 bis »Suurhusen Sportplatz«, dann 300 Meter zu Fuß. Mit dem Auto via Auricher Straße.
Weitere Infos
www.reiseland-niedersachsen.de/der-schiefe-kirchturm-von-suurhusen, Öffnungszeiten der Kirche unter https://suurhusen-marienwehr.reformiert.de

#36 JEDER SCHLUCK EIN GENUSS

DIE GRÖSSTE WHISKY-DESTILLERIE DEUTSCHLANDS

St. Kilian Distillers, Rüdenau, Unterfranken, Bayern • Deutschland   49.7108742 | 9.1856866

SPEKTAKEL ★★★★★   **ERREICHBARKEIT** ★★★★   **KOSTEN** ★★★   **AUFWAND** ★
FÜR WEN? Whisky-Enthusiasten   **HIGHLIGHT** Gaumenfreude

Seit sie mit ihrem ersten Single Malt 2019 an den Start gegangen ist, hat die junge Destillerie weltweit mehr als 40 Goldmedaillen eingeheimst und produziert als einzige der Welt einen Whisky, der Bud Spencer gewidmet ist.

Am Anfang der Erfolgsgeschichte standen eine leerstehende Kleiderfabrik in Rüdenau, der leidenschaftliche Whisky-Sammler Andreas Thümmler, der das Gebäude erworben hatte, und ein Lagerfeuer im November 2011, bei der die Idee geboren wurde, die Fabrik zu einer Whisky-Destillerie umzufunktionieren. Den Anstoß dazu gab die irische Whisky-Legende David F. Hynes, hinzu stieß der Amorbacher Braumeister Master Distiller Mario Rudolf.

Die nach Frankens Schutzpatron benannte Destillerie wurde im Frühjahr 2012 gegründet. Nach vierjährigem Umbau zur Whiskyproduktionsstätte nach schottischem Vorbild wurde am 17. März 2016 der erste »New Make« aus den Brennblasen zur Reifung in Fässer gefüllt. Im Mai 2019 war es dann endlich soweit: St. Kilian Distillers gingen mit 760 Flaschen »First Kilian« an den Start. Die Anzahl der Flaschen entsprach der damaligen Einwohnerzahl Rüdenaus. Der »Signature Edition One« folgten bis Ende 2021 neun weitere Editions.

Der internationale Preisregen ließ nicht lange auf sich warten. Auf der »World Spirits Competition« in San Francisco im März 2020 gab es für die Whisky Edition One eine Goldmedaille, für die Edition Three sogar Doppelgold. Die »London Spirit Competition« im selben Jahr zeichnete die Whisky Edition Four mit dem ersten Platz und einer Goldmedaille aus – Irland und Schottland bekamen nur Silber. Das Jahr ging mit einer neuen Whisky-Kreation zu Ende: dem ersten »pre-core« Standardprodukt der Destillerie: »Bud Spencer – The Legend«. Der nicht-rauchige Single Malt Whiskey ist eine Hommage an den italienischen Schauspieler Carlo Pedersoli alias Bud Spencer.

Bis Ende 2021 hat St. Kilian ca. 8.000 Fässer Whisky produziert. Eine Tour durch die Destillerie und das Fasslager ist ein Fest für Augen und Nase, das anschließende Whisky-Tasting eine wahre Gaumenfreude.

Anreise   Ab Bahnhof Miltenberg mit Bus-Linie 86 bis Rathaus Rüdenau, dann ca. 450 Meter zu Fuß. Mit dem Auto über Kleinheubacher Straße.
Weitere Infos   www.stkiliandistillers.com

#37 **WHISKY HOCHALPIN**

DIE KLEINSTE BAR DER WELT

Santa Maria Val Müstair, Graubünden • Schweiz ♀ 46.6017487 | 10.424455

| SPEKTAKEL ★★★★ | ERREICHBARKEIT ★★ | KOSTEN ★★ | AUFWAND ★★★ |
| FÜR WEN? Whisky-Fans | HIGHLIGHT Das Ambiente | | |

Gerade mal 8,53 Quadratmeter misst die Bar in der östlichsten Gemeinde der Schweiz. Zieht man davon die Fläche des Tresens ab, bleiben nur noch etwa 5 Quadratmeter und Platz für etwa zehn Gäste.

Kaum hatte der gebürtige Niedersachse Gunter Sommer die kleine Bar im Dezember 2006 in dem weniger als 400 Einwohner zählenden Straßendorf Santa Maria eröffnet, schaffte sie es im Jahr darauf auch schon als »smallest permanent licensed bar in the world« ins Guinness-Buch der Rekorde und hält bis heute unangefochten den Rekord. Da in der Bar ausschließlich Whisky über den Tresen kommt, ist sie wahrscheinlich sogar die kleinste Whisky-Bar weltweit.

Gäste haben die Qual der Wahl – sie können unter 300 verschiedenen Sorten aus aller Welt wählen. Nicht nur das. Im Jahr 2009 eröffnete der Whisky-Enthusiast ein Museum auf 17 Quadratmetern mit unzähligen Utensilien aus Schottland und rund 200 Jahren Whisky-Geschichte. Fünf Jahre später schuf er mit der »HighGlen Whisky Distillery« die wahrscheinlich höchstgelegene Destille der Welt und produziert seitdem Single Malt Whisky auf 1.400 Metern Höhe.

Die Gerste wird in der eigenen Malzmühle geschrotet, in der Mash Tun gemaischt, danach in einem Washback fermentiert und in einer kupfernen Brennanlage destilliert. Der daraus resultierende New Spirit wird anschließend in Eichenholzfässer aus Schottland abgefüllt und auf 1.400 Metern Höhe gelagert, wo er in drei Jahren und einem Tag zum Single Malt Whisky heranreift.

Anfahrt Ab Klosters Platz mit Regionalbahn nach Zernez, dort umsteigen in Bus-Linie 811 nach Santa Maria. Die Bar befindet sich am Platz 71. Mit dem Auto über Route 28.
Weitere Infos
www.smallestwhiskybaronearth.com
Noch mehr Whisky? Im Devil's Place im knapp 70 Autokilometer entfernten St. Moritz gibt es laut Guinness-Buch der Rekorde mit über 2.500 Sorten die größte Auswahl an Whiskys. Auch der aus Santa Maria ist darunter.

#38 AUF EIN TANNENZÄPFLE

DIE HÖCHSTGELEGENE BRAUEREI DEUTSCHLANDS

Grafenhausen, Baden-Württemberg • Deutschland ♀ 47.7955017 | 8.2449303

| SPEKTAKEL ★★★ | ERREICHBARKEIT ★★★ | KOSTEN ★★ | AUFWAND ★★ |
| FÜR WEN? Bierenthusiasten | HIGHLIGHT Quellgeist | | |

Höher wird in Deutschland nur privat Bier gebraut. Die Badische Staatsbrauerei Rothaus AG liegt auf 1.000 Metern Höhe idyllisch mitten im Wald auf einem Hochplateau des Südschwarzwaldes.

Ein Schwarzwaldmädel in typischer Tracht, das in beiden Händen ein Glas Bier hält, ist das Logo der Brauerei und ziert die Etiketten zusammen mit sieben Tannenzapfen. Passend dazu die Namen der Biersorten: Tannenzäpfle, Weizenzäpfle, Eiszäpfle und Schwarzwald Zäpfle. Dem Schwarzwaldmädel wurde der Spitzname »Biergit Kraft« verpasst, abgeleitet von »Bier gibt Kraft«. Klassiker ist seit 1956 das Pils Tannenzäpfle, das weit mehr als die Hälfte des Brauerei-Absatzes ausmacht.

Die Brauerei in Rothaus, einem Ortsteil des kleinen Luftkurorts Grafenhausen nicht weit vom Schluchsee, wurde 1791 vom Benediktinerkloster St. Blasien bei der Gaststätte »Zum Rothen Haus« gegründet. Der Standort schien perfekt. Er lag nur etwa 15 Kilometer vom Kloster entfernt, bot dank mehrerer Quellen ausreichende Wasservorkommen und, von Wäldern umgeben, jede Menge Holz zum Heizen.

Im Zuge der Säkularisierung wurde die Brauerei 1806 zur »Großherzoglichen Badischen Staatsbrauerei Rothaus« und nach Abschaffung der Monarchie 1918 in »Badische Staatsbrauerei Rothaus« umbenannt. Heute ist sie Eigentum des Landes Baden-Württemberg.

Einen Einblick in den Brauprozess erhält man bei einer Brauereiführung durch Sudhaus, Lagerkeller, Abfüllanlage und weitere Stationen, deren Ende mit einem Tannenzäpfle oder einem anderen Bier aus der Zäpflefamilie gekrönt ist.

Im hauseigenen Museum »Zäpfle Heimat« zeigt eine interaktive Ausstellung an über 26 Stationen die Geschichte der Brauerei. Der »Zäpfle Weg« vor der Brauerei führt tief in den Wald hinein zum Quellgeist, der über das Brauwasser wacht.

Anfahrt Von Freiburg Hauptbahnhof mit der S-Bahn bis Seebrugg Bahnhof, dann mit dem Südbadenbus-Linie 7342 direkt zur Brauerei. Mit dem Auto via B31 und B500.
Weitere Infos www.rothaus.de

#39 DAS BOGENWUNDERWERK

DIE GRÖSSTE ZIEGELSTEINBRÜCKE DER WELT

Vogtland, Sachsen • Deutschland 50.6233311 | 12.2439363

SPEKTAKEL ★★★☆☆ **ERREICHBARKEIT** ★★☆☆☆ **KOSTEN** ★☆☆☆☆ **AUFWAND** ★★☆☆☆
FÜR WEN? Brücken-Enthusiasten **HIGHLIGHT** Die Brücke selbst

Mehr als 26 Millionen Ziegel stecken in den 81 Bögen und zahlreichen Pfeilern der monumentalen Göltzschtalbrücke.

Dass beim Bau der Bahnstrecke Leipzig–Hof für die Überwindung des Göltzschtals eine gewaltige Eisenbahnbrücke notwendig sein würde, stellte für die damalige Sächsisch-Bayerische Eisenbahngesellschaft eine gigantische Herausforderung dar. Ein Zeitungswettbewerb samt Preisgeld sollte helfen. Von den eingegangenen 81 Entwürfen war jedoch keiner realisierbar, da nicht einer mittels statischer Berechnungen nachweisen konnte, den Belastungen des geplanten Eisenbahnverkehrs gewachsen zu sein. Am Ende fand der Leiter der Prüfungskommission, der Ingenieur Prof. Johann Andreas Schubert, selbst eine Lösungsmöglichkeit. Zur Berechnung nutzte er die damals noch relativ junge mathematisch begründete Stützlinientheorie und entwarf so die erste statisch berechnete Brücke der Welt.

Mit der Grundsteinlegung am 31. Mai 1846 nahm eine der außergewöhnlichsten Großbaustellen jener Zeit ihren Anfang. Erst einmal musste ein monumentales Baugerüst geschaffen werden – dafür sollen 23.000 Bäume gefällt worden sein. Als das Gerüst stand, wurden täglich 50.000, in Spitzenzeiten bis zu 150.000 Ziegel verbaut. Mehr als 1.700 Arbeiter waren am Brückenbau beschäftigt.

König Friedrich August II. von Sachsen führte im September 1850 die traditionellen Hammerschläge bei der Schlusssteinsetzung des oberen Bogens aus. Nach erfolgreicher Belastungsprobe wurde die vierstöckige, 574 Meter lange und 78 Meter hohe Göltzschtalbrücke am 15. Juli 1851 mit viel Pomp feierlich eingeweiht. Am Tag danach begann der reguläre Personen- und Güterzugverkehr.

Anfahrt Ab Reichenbach im Vogtland mit Bus bis Haltestelle »Abzweigung Göltzschtalbrücke« in Mylau. Mit dem Auto über Rosa-Luxemburg-Straße und B173, ca. 8 Minuten.
Weitere Infos
www.reichenbach-vogtland.de/tourismus

#40 HOCH, HÖHER, AM HÖCHSTEN

DER HÖCHSTE KIRCHTURM DER WELT

Ulm, Baden-Württemberg • Deutschland 📍 48.3985233 | 9.992555

SPEKTAKEL ★★★★★ **ERREICHBARKEIT** ★★★★★ **KOSTEN** ★☆☆☆☆ **AUFWAND** ★☆☆☆☆
FÜR WEN? Turmsteiger **HIGHLIGHT** Flug im Simulator

Der Kirchturm der Superlative steht in Ulm. 768 Stufen sind es bis zur obersten Aussichtsplattform – da ist man dem Himmel schon ganz schön nah.

Kein Kirchturm auf der Welt ist höher als der des Ulmer Münsters. 161,53 Meter ragt der Turm in die Höhe und überragt damit den weltweit zweithöchsten Kirchturm, den der Basilika in Yamoussoukro an der Elfenbeinküste, um 3,43 Meter und den dritthöchsten, den des Kölner Doms, um 4,53 Meter. Einen Aufzug gibt es nicht, man muss sich die enge Wendeltreppe hinaufquälen. Für den mühsamen Aufstieg wird man auf der Aussichtsplattform in 143 Metern mit einem spektakulären Blick über die Donaustadt belohnt.

Nicht nur der Turm ist gigantisch, auch der gotische Kirchenraum mit seinen sakralen Kunstschätzen. Es dauerte mehr als 500 Jahre, um dem monumentalen Gotteshaus sein heutiges Aussehen zu verpassen. Das Gründungsrelief im Münster zeigt die Grundsteinlegung 1377. Den Kirchenbau beschlossen und finanzierten die Bürger selbst. Da war kein Bischof involviert. Ulm galt damals dank des Barchents, einem Mischgewebe aus Baumwolle und Leinen, als wohlhabende Handelsstadt. Der Stoff war von einer so hohen Qualität, dass er in ganz Europa begehrt war. Die Konkurrenz war jedoch stark, der Wohlstand Ulms ließ nach, und 1543 war kein Geld für den Weiterbau der Kirche mehr da.

Erst 300 Jahre später wurde der Bau wiederaufgenommen und das Münster in seiner heutigen Form fertiggestellt. Die Einweihung fand im Juni 1890 statt.

Nicht weit vom Münster steht der High-Tech-Ganzkörper-Flugsimulator Birdly, in dem man liegend und mit einer 3D-Brille auf der Nase das Ulmer Münster aus der Vogelperspektive erleben und virtuell durch das Ulm des Jahres 1890 fliegen kann.

Anfahrt Ab Ulm Hauptbahnhof sind es ca. 8 Gehminuten zum Ulmer Münster. Mit ÖPNV: Bus-Linie 5 bis »Steinerne Brücke«, dann 4 Minuten zu Fuß. Mit dem Auto via Neue Straße.
Weitere Infos www.ulmer-muenster.de und www.ulm.de/tourismus/m25/birdly-m25 (Flugsimulator Birdly).

#41 DER AUSTROJANER

DAS GRÖSSTE TROJANISCHE HOLZPFERD DER WELT

Anger, Steiermark • Österreich ♀ 47.254411 | 15.7147088

SPEKTAKEL ★★★☆☆ **ERREICHBARKEIT** ★★★★☆ **KOSTEN** ★★☆☆☆ **AUFWAND** ★☆☆☆☆
FÜR WEN? Passivreiter **HIGHLIGHT** Das gigantische hölzerne Ross

Das Bauwerk der Superlative ist 18 Meter hoch, 5 Meter breit, 20 Meter lang und laut Guinness-Buch der Rekorde das weltweit größte trojanische Pferd aus Holz.

Der monumentale »Austrojaner« steht auf dem Gelände des Gestüts Töchterlehof in Oberfeistritz bei Anger, ca. 50 Kilometer nordöstlich von Graz. Wie das Original aus Homers Odyssee ist das hölzerne Ross begehbar. Allerdings mit anderem Zweck. Nicht Troja erobern, sondern feiern ist die Devise. Wer etwas zu feiern hat, kann den 100 Tonnen schweren Koloss mieten. Im Bauch des Austrojaners stehen Tische, Bänke und Stühle, die 40 Personen Platz bieten. Franz Derler vom Töchterlehof baute das Pferd 1998 aus Lärchenrundholzstämmen für seine Gäste.

Wer lieber ein echtes Pferd hautnah erleben anstatt über ein Holzpferd staunen möchte, hat auf einem Rundgang durch das weitläufige Gelände des Gestüts der Familie Derler-Töchterle reichlich Gelegenheit. Rund 60 Hengste, Stuten und Fohlen sind hier zuhause. Auf dem Gestüt werden nicht nur Friesenpferde gezüchtet, sondern auch Stutenmilchprodukte hergestellt, die im Hofladen verkauft und zur Verkostung angeboten werden. Tatsächlich ist der Töchterlehof das erste und älteste Stutenmilchgestüt in Österreich. Im hofeigenen »Stutenmilchkino« im Kellergewölbe flimmert ein Film über die Leinwand, der über die Herstellung der Stutenmilch und die Vorzüge der tierfreundlichen Kreislaufwirtschaft am Töchterlehof informiert.

Anreise Mit Bus-Linie 230 ab Anger bei Weiz Bahnhofstraße bis Haltestelle »Oberfeistritz Feistritzbrücke«, dann sind es noch 850 Meter zu Fuß bis zum Töchterlehof. Mit dem Auto geht es einfacher und schneller über die B72.

Weitere Infos www.toechterlehof.at

#42 DIE TURMUHR DER SUPERLATIVE

DAS GRÖSSTE ZIFFERNBLATT EUROPAS

Kirche St. Peter, Zürich • Schweiz ♀ 47.3711178 | 8.5408616

SPEKTAKEL ★★★☆☆	ERREICHBARKEIT ★★★★★	KOSTEN ★☆☆☆☆	AUFWAND ★☆☆☆☆
FÜR WEN? Uhren-Fans	HIGHLIGHT Turmbegehung		

Dass ihr Ziffernblatts so gigantisch ist, wundert nicht – bis ins 19. Jahrhundert war sie die einzige Uhr der Stadt, und die musste schließlich weithin sichtbar sein. Und zwar aus allen Richtungen.

Der Durchmesser beträgt knapp 8,7 Meter, die Ziffern sind 90 Zentimeter groß. Zu übersehen ist das monumentale Ziffernblatt nicht. Auch der 92 Kilo schwere Minutenzeiger nicht, der pro Minute 45 Zentimeter zurücklegen muss.

Die Kirche St. Peter ist die älteste Pfarrkirche Zürichs, die erste, die als reformierte Kirche gebaut wurde und die einzige Barockkirche der Stadt. Vor der Einweihung des heutigen Kirchenschiffs im Jahr 1706 standen an dieser Stelle bereits Vorgängerbauten, von denen Teile in den jeweiligen Neubau integriert wurden.

Die erste mechanische Uhr wurde 1366 im Turm eingebaut, sie zeigte jedoch nur die vollen Stunden an. Im 15. Jahrhundert wurde das Uhrwerk auf den Viertelstundenschlag umgestellt. Damit man die Uhrzeit nicht übersehen konnte, wurden 1538 vier riesige Ziffernblätter an allen vier Fassaden des Turms angebracht. Die Zeit an der Turmuhr der Kirche St. Peter wurde zur offiziellen Stadtzeit erkoren. Tatsächlich mussten sich bis ins 20. Jahrhundert alle Uhren der Stadt nach St. Peter richten.

Lediglich am »Sechseläuten«, ein Feuerbrauch und Frühlingsfest in Zürich im April, ist sie heute noch tonangebend. Wenn die Glocke von St. Peter 18 Uhr schlägt, wird auf dem Sechseläutenplatz am Bellevue der »Böögg«, ein mit Holzwolle und Knallkörpern gefüllter künstlicher Schneemann, angezündet.

Die Turmuhr ist bis dato die größte Europas. Das Uhrwerk wurde bis 1996 mechanisch betrieben, heute ist es, ebenso wie die Glocken, computergesteuert.

Der Turm kann im Rahmen von Führungen besichtigt werden. Anfragen: info@turmwart.com

Anfahrt Ab Hauptbahnhof mit Tram Nr. 6/11/13 bis Haltestelle »Paradeplatz«, dann drei Gehminuten zur Kirche am St. Peterhofstatt 1. Mit dem Auto über Gessnerallee.

Weitere Infos www.st-peter-zh.ch

#43 EIN MEER AUS ROTEN SITZEN
DER GRÖSSTE KINOSAAL DEUTSCHLANDS

Essen, Nordrhein-Westfalen • Deutschland ♦ 51.4548139 | 7.0131972

SPEKTAKEL ★★★☆☆ **ERREICHBARKEIT** ★★★★★ **KOSTEN** ★★☆☆☆ **AUFWAND** ★☆☆☆☆
FÜR WEN? Cineasten **HIGHLIGHT** Blick hinter die Kulissen

Das legendäre Kino Lichtburg in Essen bietet seit über 90 Jahren sagenhaftes Kinoerlebnis.

Essen glänzte schon immer mit großen Filmpalästen. Als das Kino Schauburg 1913 am Viehofer Tor mit 2.000 Plätzen eröffnete, war es der größte Kinobau Deutschlands. »Koloss der Lichtspiele« nannte sich die Schauburg.

Ein Jahrzehnt später entstand am Burgplatz ein neuer Filmpalast im Stil der Neuen Sachlichkeit, der im Oktober 1928 als Lichtburg eröffnet wurde. Der Kinosaal verfügte ebenfalls über 2.000 Plätze. Der erste Film, der gezeigt wurde, war Marquis d'Eon, der Spion der Pompadour – damals noch stumm und nicht jugendfrei. Als das Kino ein Jahr nach Eröffnung sprechen lernte, blieb der Saal fast leer – die Wirtschaftskrise hatte zugeschlagen, einen Kinobesuch konnten sich viele nicht mehr leisten.

Das Gebäude fiel 1943 dem Bombenhagel der Alliierten zum Opfer, lediglich die Fassade blieb erhalten. Nach seinem Wiederaufbau wurde das Kino mit nun 1.700 Plätzen und dem Film Wiener Mädeln im März 1953 eröffnet und avancierte zum wichtigsten Premierenkinos Deutschlands der 50er- und 60er-Jahre. Zu den Premieren erschienen neben den Kinostars der damaligen Zeit auch Hollywood-Ikonen wie Gary Cooper und Buster Keaton. Da sich hinter der aufrollbaren 150-Quadratmeter-Leinwand des größten Filmpalastes des Landes eine große Bühne für Show und Theater versteckt, wurde und wird die Lichtburg auch als Veranstaltungssaal genutzt.

2002 wurde das Kino im Stil der 1950er-Jahre restauriert und im März 2003 mit 1.250 Plätzen und der Deutschlandpremiere des Films Das Wunder von Bern wiedereröffnet. Die monumentale Lichtburg, heute wieder Ort zahlreicher Premieren, bietet regelmäßig Führungen mit einem Blick hinter die Kulissen an.

Anfahrt Ab Essen Hauptbahnhof zu Fuß 550 Meter zum Kino in der Kettwiger Straße 36 (am Burgplatz), mit dem Auto über Freiheit und Bernestraße.
Weitere Infos
www.filmspiegel-essen.de/kinos/lichtburg

#44 WASSERKRAFT ALPIN

DIE HÖCHSTE GEWICHTSSTAUMAUER DER WELT

Val d'Hérémence, Wallis • Schweiz 📍 46.0806364 | 7.4028605

SPEKTAKEL ★★★★ **ERREICHBARKEIT** ★★★ **KOSTEN** ★★★ **AUFWAND** ★★
FÜR WEN? Wasserkraftwerkfans **HIGHLIGHT** Die Staumauerkrone

Die weltweit einzigartige Stauanlage Grand Dixence liegt auf 2.365 Metern Höhe inmitten der Walliser Alpen und bietet mit ihren Superlativen viel Grund zum Staunen.

Das High-Tech-Meisterwerk der Energieerzeugung »La Grande Dixence«, das von 35 Gletschern mit Wasser versorgt wird, ist eine Kraftwerksanlage der Superlative. Sie verfügt nicht nur über die höchste Gewichtsstaumauer der Welt, sondern auch über den volumenmäßig größten Stausee des Landes, hält den Weltrekord bezüglich des größten Arbeitsdrucks einer Wasserkraftwerksturbine und ist das zweithöchste öffentlich zugängliche Gebäude Europas. Vom wohl schönsten Panorama rings um ein Wasserkraftwerk ganz zu schweigen. Die 285 Meter hohe Staumauer aus Beton, die im unteren Teil 200 Meter breit ist, hält das Wasser, das dahinter aufgestaut wird, nur durch ihr Eigengewicht von unfassbaren 15 Millionen Tonnen. Das Wasservermögen des Stausees beträgt 400.000.000 Kubikmeter.

Ein Pfad (45 Minuten) und eine Luftseilbahn (wenige Minuten) führen hinauf zur Staumauerkrone. Die 15 Meter breite und 700 Meter lange Panoramaterrasse bietet einen atemberaubenden 360°-Blick über die Bergwelt und den Lac des Dix. Der gewaltige Beton-Koloss kann im Rahmen einer Führung »mit Licht und Ton« auch von Innen besichtigt werden. Im Informationspavillon präsentiert eine Dauerausstellung Geheimnisse der Grand Dixence, und der Pfad »Geschichte des Wassers« erzählt anhand von Fotos und Erläuterungen vom Bau der Wasserkraftanlage. Für Nervenkitzel sorgt ein »Flug« mit der 700 Meter langen Seilrutsche »Tyrolienne« über die Staumauer.

Anfahrt Die Staumauer liegt 17 Kilometer südlich von Sion. Ab Sion Poste/Gare mit Bus B 372 oder B 371 nach Hérmence, dort mit der Seilbahn hinauf zur Staumauer. Mit dem Auto über die Rte d'Hérémence (30,4 Kilometer).
Weitere Infos
www.grande-dixence.ch/de

#45 SIGNALE AUS DEM ALL EMPFANGEN

DAS GRÖSSTE RADIOTELESKOP DEUTSCHLANDS

Bad Münstereifel, Nordrhein-Westfalen • Deutschland ⚲ 50.5248229 | 6.8836239

SPEKTAKEL ★★★★ **ERREICHBARKEIT** ★★★ **KOSTEN** ★★ **AUFWAND** ★★★
FÜR WEN? Kosmos-Fans **HIGHLIGHT** Themenwege

Um den Geheimnissen des Universums auf die Spur zu kommen, muss man nicht weiter reisen als in die Eifel – dort steht das Radioteleskop Effelsberg, das in die Tiefen des Kosmos blickt.

Die gigantische schüsselförmige Antenne des Radioteleskops ragt wie in einem Science-Fiction-Film zwischen zwei Eifelhügeln hervor. Als der 3.200 Tonnen schwere Koloss im Mai 1971 eingeweiht wurde, war er das bis dahin größte vollbewegliche Radioteleskop der Welt. Die runde Parabolantenne mit einem Durchmesser von 100 Metern sammelt und bündelt einfallende Radiostrahlung aus dem All.

Wissenschaftler des Max-Planck-Instituts für Radioastronomie (MPIfR) arbeiten in Effelsberg in Schichten rund um die Uhr, um dem Geheimnis des Universums ein kleines Stückchen näher zu kommen. Beobachtet werden unter anderem Sternenentstehungsgebiete, Materiestrahlen, die von Schwarzen Löchern ausgehen, kalte Gas- und Staubwolken, Magnetfelder von Galaxien sowie Kerne ferner Galaxien. Die Entdeckung von Wasser in einer Entfernung von zehn Milliarden Lichtjahren ist einer der größten Erfolge der Astronomen und Astrophysiker in Effelsberg – Signale aus einer Zeit, als es die Erde noch gar nicht gab.

Im August 2000 löste das Radioteleskop des Green-Bank-Observatoriums im US-Staat West Virginia sein Effelsberger Pendant mit zehn Meter mehr Durchmesser als größtes der Welt ab. Im Mai 2021 wurde zum 50-jährigen Jubiläum des Radioteleskops Effelsberg der Zeitreiseweg eingeweiht, der als Rundweg von fünf Kilometern Länge um das Radioteleskop verläuft und auf 20 Tafeln aus der Geschichte desselben berichtet.

Anfahrt Ab Bahnhof Bad Münstereifel TaxiBusPlus-Linie 828 bis Haltestelle »Effelsberg«. Der TaxiBusPlus muss mindestens 30 Minuten vorher unter 0 24 41 – 99 45 45 45 bestellt werden. Für die Fahrt wird ein VRS-Ticket für die gewünschte Strecke benötigt – der Zuschlag für den TaxiBusPlus beträgt 1,20 € für Erwachsene. Mit dem Auto via Schleidstraße 11,3 Kilometer.

Weitere Infos
www.mpifr-bonn.mpg.de/effelsberg

#46 LEBEN IN DER ZUKUNFT

DIE GRÖSSTE PASSIVHAUSSIEDLUNG DER WELT

Heidelberg, Baden-Württemberg • Deutschland ⚲ 49.4026285 | 8.6482152

SPEKTAKEL ★★★☆☆ **ERREICHBARKEIT** ★★★★★ **KOSTEN** ★☆☆☆☆ **AUFWAND** ★☆☆☆☆
FÜR WEN? Architektur-Fans **HIGHLIGHT** Bahnstadtpfad

Grün, innovativ und nachhaltig. Wo bis Ende der 1990er-Jahre Güterzüge rangierten, stehen und entstehen Passivhäuser. Heidelbergs jüngster Stadtteil »Bahnstadt« ist heute die weltweit größte Siedlung ihrer Art.

So sieht der Stadtteil der Zukunft aus: Begrünte Dachflächen, weiße würfelförmige Wohngebäude mit schmucklosen Fassaden, die sich um Innenhöfe gruppieren, Strom und Wärme aus hundert Prozent regenerativen Energien. Das war Anfang 2021 sogar der New York Times einen langen Artikel wert. Der erste Spatenstich für den neuen Stadtteil erfolgte im Mai 2010. Heute zählt das 116 Hektar große Gebiet knapp 5.000 Einwohner mit einem Altersdurchschnitt von 29 Jahren. Läuft alles nach Plan, soll das Projekt Bahnstadt bis 2027 abgeschlossen sein.

Durch das gesamte Viertel zieht sich die Straße Langer Anger mit einer 900 Meter langen Teichanlage, die dazu dient, den natürlichen Kreislauf des Regenwassers in der Bahnstadt aufrechtzuerhalten. Grüne Oase des Stadtteils ist der Zollhofgarten, für den die alten Gleise und Pflastersteine des ehemaligen Güterbahnhofs verwertet wurden.

Parallel zur Straße Langer Anger verläuft entlang der Felder die schier endlos lange autofreie Promenade mit zahlreichen Grünanlagen und Heidelbergs erster Calisthenics-Anlage. Wahrzeichen des innovativen Quartiers und architektonischer Hingucker ist das markante Forschungsgebäude »Sky Labs«. Wissenswertes und Spannendes zur Bahnstadt erfährt man auf dem Bahnstadtpfad (Startpunkt Schwetzinger Terrasse), der sich durch das gesamte Quartier zieht und anhand von Infotafeln, Hörbeiträgen und kurzen Videos alle Facetten des Stadtteils aufzeigt. Den Titel »Größte Passivhaussiedlung der Welt« will China durch den Nachbau der Bahnstadt bald für sich beanspruchen. »Gaobeidian Railway City« soll das Projekt heißen.

Anfahrt Ab Heidelberg Hauptbahnhof mit Bus-Linie 721 bis Haltestelle »Schwetzinger Terrasse«, mit dem Auto via Speyerer Straße.
Weitere Infos
www.heidelberg-bahnstadt.de

#47 DIE ERDE VERSTEHEN

DER HÖCHSTE BOHRTURM UND DAS TIEFSTE LOCH DER WELT

Windischeschenbach, Bayern • Deutschland 49.8162673 | 12.1201922

SPEKTAKEL ★★★★ **ERREICHBARKEIT** ★★★ **KOSTEN** ★★ **AUFWAND** ★★
FÜR WEN? Hobby-Geologen **HIGHLIGHT** Bohrturm

Wer vermutet in einem kleinen Ort in der nördlichen Oberpfalz schon ein Loch von über neun Kilometern Tiefe und darüber einen 83 Meter hohen Bohrturm?

Als Geowissenschaftler im Oktober 1994 im Erdinneren auf die Rekordmarke von 9.101 Metern stießen, war ihnen klar, dass hier Finito war. Tiefer konnten sie in die ca. 35 Kilometer dicke Erdkruste nicht eindringen. In der Tiefe, die sie erreicht hatten, herrschen 287° C. Bei mehr Bohrdruck wäre das Gestein zähflüssig wie Honig geworden. Das Loch hat an der Oberfläche einen Durchmesser von 77 Zentimetern, der sich am unteren Ende auf 22 Zentimeter verjüngt.

KTB steht für »Kontinentales Tiefbohrprogramm der Bundesrepublik Deutschland«. Es war ein geowissenschaftliches Großforschungsprojekt, das von 1987 bis 1995 zur Erforschung der Erdkruste durchgeführt und vom Bundesministerium für Forschung und Technologie finanziert wurde. Dass der Standort Windischeschenbach gewählt wurde, hat seinen Grund. Hier treffen zwei kleinere Kontinentalplatten aufeinander, die sich vor über 500 Millionen Jahren vom Ur-Kontinent Gondwana gelöst hatten.

Unter anderem erhoffte man sich Erkenntnisse über die Kontinentalverschiebung und der daraus folgenden geologischen Prozesse. Im GEO-Zentrum an der KTB gibt die Dauerausstellung »System Erde« Einblicke in geowissenschaftliche Phänomene.

Das Bohrloch wird bis heute von Geowissenschaftlern aus aller Welt genutzt, die zu Forschungszwecken Sonden hinablassen, um Messgeräte zu kalibrieren.

Wer selbst einmal auf den Bohrturm steigen möchte, kann das im Rahmen der Themenführung »Höchster Bohrturm der Erde«. Dabei geht es mit Schutzhelm auf dem Kopf über die Außentreppe auf die Besucherplattform in 20 Metern Höhe, wo sich ein Blick auf die Bohrplattform bietet.

Anfahrt Ab Bayreuth Hauptbahnhof mit Regionalbahn nach Windischeschenbach (mit Umsteigen in Weiden), dann 4 Kilometer Fußweg oder mit dem Taxi. Mit dem Auto via B22.
Weitere Infos www.geozentrum-ktb.de

#48 BIER IN LUFTIGER HÖHE TRINKEN

DIE HÖCHSTGELEGENE BRAUEREI DER SCHWEIZ

Monstein, Graubünden • Schweiz   46.7118082 | 9.7712914

| SPEKTAKEL ★★★★☆ | ERREICHBARKEIT ★★★☆☆ | KOSTEN ★★☆☆☆ | AUFWAND ★★★☆☆ |
| FÜR WEN? Bier-Fans | HIGHLIGHT Brauseminar | | |

Last beerstop before heaven. Auf 1.625 Metern Höhe liegt in Monstein eine der höchstgelegene Brauereien Europas.

Was passiert, wenn ein Bauunternehmer, ein Hotelier, ein Grafiker und ein Jurist sich zusammentun? Es entsteht eine Bierbrauerei in höchsten Lagen. Die vier Bierenthusiasten gründeten im Herbst 2000 die BierVision Monstein AG und nahmen neun Monate später den Betrieb in der zu einer Brauerei umgebauten ehemaligen Dorfsennerei in Monstein, 12 Kilometer südlich von Davos, auf.

Seitdem sind zwei Jahrzehnte vergangen und mehrere Biersorten in verschiedenen Geschmacksrichtungen entstanden. Heute werden jährlich rund 300.000 Liter Bier gebraut – das Wasser zum Brauen stammt direkt aus fünf Alpenquellen. Beim ersten Swiss Beer Award im November 2017 gewannen zwei Monsteiner Biere Silbermedaillen, wovon eine an das dunkle »SteinBock«-Bier ging.

Bei einer Brauereiführung erfährt man Spannendes über die Bierbrauerei und darf dabei Monsteiner Biere probieren. Wer selbst Hand anlegen will, kann das in einem Brauseminar, wo unter der Anleitung des Braumeisters ein echtes Monsteiner Bier gebraut wird und man dabei viel über die Zutaten und Eigenschaften erfährt. Ein ganz besonderes Erlebnis ist der Monsteiner Bierpfad, wo es während der Wanderung an fünf Stationen Bier und andere Leckereien gibt. Wer es gemütlich mag, steigt in Davos in den Oldtimerbus nach Monstein. Nach einer Tour durch das kleine Dorf folgt eine Brauereiführung mit Bier-ABC und Verkostung.

Anfahrt Ab Davos Glaris Bahnhof mit Bus 310 nach Monstein, Haltestelle »Dorf«. Dann zu Fuß ca. 140 Meter zur Brauerei in der Hauptstrasse 36. Mit dem Auto über Landwasserstrasse.
Weitere Infos www.monsteiner.ch und www.davos-monstein.ch

#49 SHOP TILL YOU DROP

DIE LÄNGSTE FUSSGÄNGERZONE DEUTSCHLANDS

Hauptstraße, Heidelberg, Baden-Württemberg • Deutschland ♀ 49.4102383 | 8.691908

SPEKTAKEL ★★★☆☆ **ERREICHBARKEIT** ★★★★★ **KOSTEN** ★☆☆☆☆ **AUFWAND** ★☆☆☆☆
FÜR WEN? Shopping-Begeisterte **HIGHLIGHT** Blick zum Heidelberger Schloss

Auf über einem Kilometer autofrei shoppen und dabei gleichzeitig prächtige Bauten mit reich geschmückten Fassaden aus Barock und Renaissance bestaunen – das kann man bundesweit nur in Heidelberg.

Die knapp 1.900 Meter lange Hauptstraße durchquert die Heidelberger Altstadt in voller Länge vom Bismarckplatz bis zum Karlstor. Allerdings sind nur etwa 1,4 Kilometer davon tatsächlich Fußgängerzone und Einkaufsmeile. Der verkehrsfreie Bereich und der Shopping-Spaß enden am Karlsplatz.

Angelegt wurde der Dreh- und Angelpunkt der Altstadt bereits um 1220, hieß im Laufe der Jahrhunderte Obere Gasse und Obere Straße, bis sie 1689 ihren heutigen Namen erhielt. Mitte der 1970er-Jahre beschloss die Stadt, Straßenbahn und Autoverkehr aus der Hauptstraße zu verbannen. Die Straßenbahnschienen wurden entfernt, Betonunterbauten weggehämmert, Zugänge zu den Läden umgebaut. Am 30. September 1978 wurde die längste Fußgängerzone Deutschlands offiziell eingeweiht. Das Datum fiel auf das Straßenfest »Heidelberger Herbst«, das seit 1970 jährlich am letzten Wochenende im September in der Altstadt stattfindet.

Dass in der nicht sehr breiten Hauptstraße mal zweigleisiger Straßenbahnverkehr herrschte, konnte man sich bald kaum mehr vorstellen. Von nun an galt ungestörtes Shopping-Vergnügen zwischen Bismarckplatz und Marktplatz. Zwischen Modehäusern, Boutiquen, Buchhandlungen und (zugegeben, heute weitaus weniger) individuellen Läden befinden sich kleine Cafés und Restaurants, und ab Mitte der Hauptstraße gibt es immer wieder Durchblicke hinauf zur schönsten Schlossruine der Welt, dem Heidelberger Schloss. Und wer beim Bummeln nicht nur in die Schaufenster, sondern auch mal in luftige Höhe schaut, entdeckt allerhand Schätze – von prachtvollen Erkern bis hin zu fantasievollen Figuren auf den Dachgiebeln.

Anfahrt Ab Heidelberg Hauptbahnhof mit Straßenbahn Nr. 5, Bus-Linien 32 oder 33 zum Bismarckplatz. Mit dem Auto z. B. im Parkhaus (P1) in der Poststraße parken.

So leer wie zu Zeiten eines Corona-Lockdowns wird man die Fußgängerzone selten erleben. →

#50 DEM ROTEN ADLER FOLGEN

DER LÄNGSTE RADWEG DEUTSCHLANDS

Brandenburg/Havel • Deutschland   52.4263462 | 12.2633618

SPEKTAKEL ★★★ **ERREICHBARKEIT** ★★★★ **KOSTEN** ★★ **AUFWAND** ★★★
FÜR WEN? Radler **HIGHLIGHT** Märkische Schweiz

Auf dem 1.111 Kilometer langen Radrundkurs »Tour Brandenburg« lernt man das nordöstliche Bundesland radelnd in all seinen Facetten kennen.

Deutschlands längster Radweg wurde am 7. Juli 2007 eröffnet. Er beginnt in der Stadt Brandenburg an der Havel und führt im Uhrzeigersinn rund um Berlin, durch das ganze Bundesland Brandenburg, auf wenigen Kilometern durch Sachsen und Sachsen-Anhalt und endet dort, wo er angefangen hat. Dank Anbindung an den öffentlichen Nahverkehr kann man beliebig an jeder der 18 Etappen starten und sich den gigantischen Radrundweg in bequeme Einzeletappen aufteilen. Logo der Tour Brandenburg ist ein fliegender roter Adler auf weißem Grund, mit dem fast der gesamte der Radweg ausgeschildert ist.

Der zum größten Teil asphaltierte und gut ausgebaute Rundkurs führt zu den Attraktionen Brandenburgs: Burgen und Schlösser, Naturparks, Nationalpark und Biosphärenreservate, Städte mit historischem Stadtkern, durch Heide- und Waldlandschaften, entlang an Bächen, blau schimmernden Flüssen und Seen. Bis auf die Märkische Schweiz, die für ein vielseitiges Auf und Ab sorgt, verlaufen die Etappen weitgehend flach. Kürzeste Strecke der Tour Brandenburg ist die 11. Etappe »Fürstenwalde-Beeskow« (36 Kilometer) entlang der Fürstenwalder Spree. Am längsten radelt man auf der 14. Etappe »Senftenberg – Uebigau-Wahrenbrück« (98 Kilometer), die den Naturpark Niederlausitzer Heidelandschaft quert.

Die Tour Brandenburg verbindet zudem weitere Radfernwege des Bundeslandes, die miteinander kombiniert werden können. So den Berlin-Usedom-Radweg, den Berlin-Kopenhagen-, Elbe-, Oder-Neiße und den Spreewaldradweg.

Anfahrt   Ab Brandenburg Hauptbahnhof nach dem Logo des Radwegs Ausschau halten und auf der ersten Etappe (Brandenburg–Rathenow, 57 Kilometer) nach Norden Richtung Premnitz radeln.
Weitere Infos
www.reiseland-brandenburg.de – hier sind alle Etappen beschrieben.

#51 EINE PORTION NERVENKITZEL

DIE LÄNGSTE HÄNGESEILBRÜCKE DEUTSCHLANDS

Oberharz am Brocken, Sachsen-Anhalt • Deutschland   ♀ 50.103701 | 7.341853

SPEKTAKEL ★★★★☆   **ERREICHBARKEIT** ★★★☆☆   **KOSTEN** ★★☆☆☆   **AUFWAND** ★★☆☆☆
FÜR WEN? Adrenalin-Junkies   **HIGHLIGHT** Blick auf die Talsperre

Die 458,5 Meter lange Konstruktion der Superlative schwebt rund 100 Meter über dem Talgrund und dem Fluss Rappbode. Es braucht schon absolute Schwindelfreiheit und etwas Mut, um sorglos in luftiger Höhe über die Brücke zu spazieren.

Als die Titan-RT im Mai 2017 eröffnet wurde, war sie die längste Hängeseilbrücke der Welt. Allerdings nur für kurze Zeit, denn schon im Juli desselben Jahres ging dieser Titel an die etwas längere Charles-Kuonen-Brücke in der Schweiz, die ihn wiederum vier Jahre später an die 516 Arouca in Portugal verlor.

Die filigrane Stahlseilkonstruktion der Titan-RT ist mit 947 Tonnen Zugkraft in den Schieferfelsen beider Talseiten fest verankert. Der Boden der Hängebrücke besteht aus einem stählernen Gitterrost, durch den der Blick 100 Meter in die Tiefe fällt. Der 1,20 Meter breite Laufgang wird an beiden Seiten von einem 1,30 Meter hohen Geländer begrenzt, ist seitlich durch Edelstahlnetze verschlossen und bietet freie Sicht übers Rappbodetal. 210 Menschen können die 118 Tonnen schwere Brücke gleichzeitig überqueren.

Da das Konstrukt frei über dem Rappbodetal schwebt, gerät sie bei Wind schon mal ins Schwanken, wird aus Sicherheitsgründen bei Windstärke 6 aber geschlossen. Während der Überquerung bietet sich ein atemberaubender Blick auf Deutschlands größte Staumauer, die 106 Meter hohe Rappbode-Talsperre, die nur einen Steinwurf entfernt parallel zur Hängebrücke verläuft.

Noch mehr Adrenalinschübe? Unterhalb der Hängeseilbrücke kann man auf dem GigaSwing, Europas spektakulärstem Pendelsprung, einen Sprung in 75 Meter Tiefe machen.

Anfahrt   Ab Hauptbahnhof Wernigerode Bus-Linie 260 bis Haltestelle »Rappbodetalsperre/Talsperre Rübeland«, dann 75 Meter zu Fuß; mit dem Auto via B244, Parkplatz direkt an der Rappbodetalsperre
Weitere Infos   www.titan-rt.de

#52 ÜBER ARCHITEKTUR STAUNEN

DAS LÄNGSTE WOHNGEBÄUDE DER WELT

Wien • Österreich   ◉ 48.2464259 | 16.3626994

SPEKTAKEL ★★☆☆☆   **ERREICHBARKEIT** ★★★★★   **KOSTEN** ★☆☆☆☆   **AUFWAND** ★☆☆☆☆
FÜR WEN? Architekturfans   **HIGHLIGHT** Der Gebäudekomplex an sich

Mit über einem Kilometer Länge ist der Karl-Marx-Hof in Wien der längste zusammenhängende Wohnbau der Welt. Er gilt als Ikone des »Roten Wien«.

Mit dem monumentalen Bau wollten die damals in Wien regierenden Sozialdemokraten der Wohnungsnot in der Hauptstadt den Garaus machen. 1917 hatte eine Wohnungszählung ergeben, dass mehr als 90 Prozent der Wohnungen weder über Wasserleitungen noch über eigene Toiletten verfügten und Arbeiterwohnungen gerade mal 20 Quadratmeter Platz boten.

Die 1.050 Meter lange Wohnhausanlage nach Plänen des Wiener Architekten Karl Ehn wurde nach über dreijähriger Bauzeit im Oktober 1930 von Bürgermeister Karl Seitz als Karl-Marx-Hof feierlich eröffnet. Dabei fielen die Worte: »Wenn wir einst nicht mehr sind, werden diese Steine für uns sprechen.«

Der imposante Gebäudekomplex mit der roten Fassade, der 1.325 Wohnungen für rund 5.500 Bewohner bot, war der modernste seiner Zeit in Österreich. Alle Wohnungen verfügten über Tageslicht, elektrisches Licht sowie einen Anschluss an die städtische Wasserleitung, weit mehr als die Hälfte sogar über Balkon oder Loggia. Bad und Toilette mussten von allen Bewohnern einer Etage geteilt werden. Die Anlage punktete zudem mit großzügigen Innenhöfen, einem Park, Arztpraxen, einer Apotheke, zwei Badeanstalten, einer Bibliothek, Kaffeehäusern, Kindergärten, Mutterberatungsstellen und einer Zahnklinik.

Im Rahmen einer Sanierung der Wohnanlage von 1989 bis 1992 wurden in den Wohnungen Badezimmer eingebaut und Wohnungen zusammengelegt.

Anfahrt Ab Hauptbahnhof Wien mit S1/S2 bis »Wien Mitte«, umsteigen in U4 bis »Heiligenstadt«, dann 350 Meter Fußweg bis zum Karl-Marx-Hof in der Heiligenstädter Straße 82–92. Mit dem Auto über A22.
Weitere Infos
www.wien.info/de/karl-marx-hof-123464

#53 IM GLASPALAST

DIE LÄNGSTE BAHNSTEIGHALLE EUROPAS

Spandau, Berlin • Deutschland   ♀ 52.5346266 | 13.1978098

SPEKTAKEL ★★★☆☆   **ERREICHBARKEIT** ★★★★★   **KOSTEN** ★☆☆☆☆   **AUFWAND** ★☆☆☆☆
FÜR WEN? Fans außergewöhnlicher Bahnhöfe   **HIGHLIGHT** Die Glaskonstruktion

Glas, wohin das Auge blickt. Das Dach, das die Gleise überspannt, reicht 432 Meter weit. Das ist nicht nur deutschlandweit, sondern in ganz Europa einzigartig.

Zugegeben, mit nur sechs Gleisen gehört der Bahnhof Berlin-Spandau nicht gerade zu den größten, aber die 20.000 Quadratmeter Glasfläche, die sich über den Bahnsteigen wölben, sind nicht zu toppen. Der Bahnhof am südwestlichen Rand der Spandauer Altstadt wurde 1910 als »Spandau Vorortbahnhof« eröffnet, noch im selben Jahr aber in „Spandau West" umbenannt. Damals noch ohne das monumentale Glasdach und nur dreigleisig.

Der heutige Bahnhof entstand zwischen 1996 und 1998 nach Plänen des Hamburger Architekturbüros Gerkan, Mark und Partner. Für das Glasdach wählten sie eine Konstruktion, in der alle Glaselemente freitragend in einem gitterförmigen Netz aus Edelstahl hängen. Unter so viel Glaspracht fühlt man sich fast wie in einem gläsernen Palast. Bereits im Mai 1997 konnte ein erster Bahnsteig für Fern- und Regionalzüge dem Verkehr übergeben werden, im Dezember des folgenden Jahres fuhr die S-Bahn in die neue Bahnhofshalle. Die vollständige Inbetriebnahme des Bahnhofs erfolgte am 28. Mai 2006. Vier Gleise werden seitdem für den Fern- und Regionalverkehr genutzt, zwei von der S-Bahn.

Damit Bahnreisende nicht den »Durchblick« verlieren, fahren von Mitarbeitern gelenkte Putzroboter mit überdimensionalen Bürsten über die markanten Tonnendächer aus Glas und schrubben die Platten.

Anfahrt Alle ICEs Richtung Berlin-Hauptbahnhof halten am Bahnhof Spandau. Anstatt direkt zum Hauptstadtbahnhof zu fahren, einfach mal aussteigen, sich Europas längsten Bahnhof anschauen und mit dem nächsten Zug die Fahrt fortsetzen.
Mehr Infos zu Spandau
www.visitberlin.de/de/districts/spandau

#54 IM VIERECK GEHEN

DIE EINZIGE INNENSTADT OHNE STRASSENNAMEN DEUTSCHLANDS

Mannheim, Baden-Württemberg • Deutschland 9 49.4852216 | 8.4613113

| SPEKTAKEL ★★☆☆☆ | ERREICHBARKEIT ★★★★★ | KOSTEN ★☆☆☆☆ | AUFWAND ★☆☆☆☆ |
| FÜR WEN? City-Flaneure | HIGHLIGHT Sich verlaufen | | |

Die City Mannheims ist in viereckigen Häuserblocks angeordnet. Statt Straßennamen gibt es ein System aus Buchstaben und Zahlen. Das kann für Ortsfremde mitunter ganz schön irreführend sein.

Die hufeisenförmig angelegte Innenstadt zwischen Rhein und Neckar besteht aus 144 Quadraten. Bei der Benennung der Quadrate orientiert sich die Stadt an der Ausrichtung zum Barockschloss, heute Sitz der Universität. Die vom Schloss ausgehende Kurpfalzstraße bildet eine Mittelachse und teilt die Innenstadt in einen linken und rechten Bereich. Die in nördliche Richtung gegen den Uhrzeigersinn verlaufenden Quadrate-Reihen links der Mitte haben die Buchstaben A bis K. Die Quadrate rechts davon L bis U. Innerhalb der Reihen verlaufen im linken Bereich in westliche Richtung A1 bis A5, C1 bis C8 etc. und im rechten Bereich in östliche Richtung L1 bis L12, M1 bis M7 usw. Im Schnitt gibt es sieben Quadrate pro Buchstabe, lediglich L hat 15.

Die jeweiligen Hausnummern verlaufen rings um das Quadrat. Wer zum Beispiel in Haus Nummer 3 in C4 wohnt, hat die Adresse C4, 3. Für Ortsunkundige ist das recht irreführend, wenn sie in C4 stehen, nach der Hausnummer suchen, geradeaus gehen und sich plötzlich in D4 befinden, nicht ahnend, dass sie einfach nur um das Quadrat hätten herumgehen müssen. Auf der Suche nach der Hausnummer springen so manche im wahrsten Sinne des Wortes im Quadrat.

Kurfürst Friedrich IV. ließ die Stadt ab 1606 in Form eines umgekehrten U mit parallelen, sich rechtwinklig kreuzenden Straßen und gleichförmiger Blockbebauung anlegen. Die Benennung der Quadrate in Buchstaben und Zahlen wurde allerdings erst 1811 eingeführt. Mannheim trägt den Beinamen »Quadratestadt«.

Anfahrt Ab Mannheim Hauptbahnhof sind es zu Fuß nur wenige Gehminuten in die Quadrate. Wer bei A1 anfangen möchte, fährt mit der Straßenbahn Nr. 1 bis zur Haltestelle »Schloss« (3 Minuten Fahrt).
Weitere Infos www.visit-mannheim.de

Mannheim, Stadt der kreativen Köpfe und der Superlative

Die Rhein-Neckar-Metropole im Südwesten ist nicht nur Zuhause des größten Barockschlosses Deutschlands und europaweit des zweitgrößten nach Versailles, sondern auch die Stadt der kreativen Köpfe. Und das nicht erst seit gestern, sondern seit Kurfürst Karl Theodor (1724–1799) Mannheim im 18. Jahrhundert zum kulturellen und wissenschaftlichen Zentrum Europas machte. Hier wurde 1776 der fünfspitzige Blitzableiter erfunden, den man sich im Technoseum Mannheim anschauen kann (www.technoseum.de) sowie wenige Jahre später die systematische Wetteraufzeichnung.

Schillers Räuber wurden 1782 am Nationaltheater Mannheim uraufgeführt, und der Musikerkreis Mannheimer Schule (1743–1778) bereitete der Konzert-Sinfonie den Weg. Das brachte Mannheim den Beinamen »Musikstadt« ein. Das ist sie immer noch, denn die Quadratestadt ist Standort der Popakademie (www.popakademie.de) und seit Ende 2014 »UNESCO City of Music«.

Karl Drais erfand 1817 in Mannheim mit seiner zweirädrigen Laufmaschine das Fahrrad und Carl Benz sieben Jahrzehnte später das Auto. Julius Hatry baute das erste funktionsfähige Raketenflugzeug der Welt, die Heinrich Lanz AG entwickelte den ersten Traktor, Hugo Stotz den ersten Sicherungsautomaten (Stotz-Kontakt). Auch das Spaghetti-Eis ist eine Mannheimer Erfindung (www.eisfontanella.de).

Die kreativen Köpfe und Erfinder werden auf der Kurpfälzer Meile der Innovationen entlang der Bismarckstraße mit Bronzeplatten gewürdigt (www.meile-der-innovationen.de). Auch sonst hat Mannheim jede Menge Superlativen zu bieten. Im Luisenpark steht das größte original chinesische Teehaus Europas (www.luisenpark.de), die Großkraftwerke Mannheim sind europaweit Vorreiter der Fernwärmetechnologie, und im Juni 2018 eröffnete mit der Kunsthalle der größte Neubau eines Kunstmuseums in Deutschland (www.kuma.art).

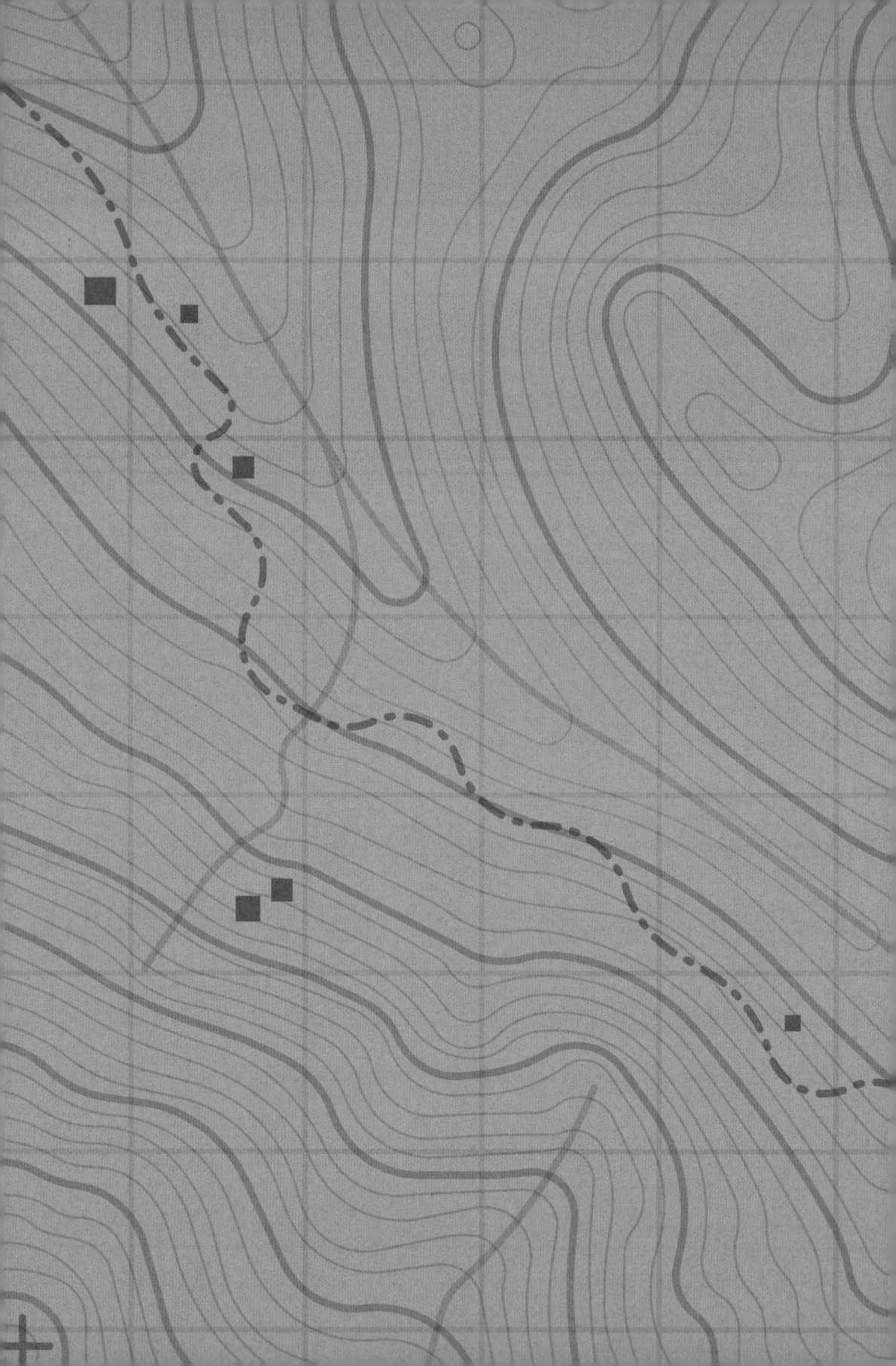

TRANSPORT

Hier geht es nicht nur auf steile Strecken, kurvige Straßen und lange Tunnel, sondern auch in Aufzüge und höchstgelegene U- und Luftkissen-Bahnen.

#55 ABENTEUERLICHE BUSFAHRT
DIE STEILSTE POSTAUTO-STRECKE EUROPAS

Reichenbach im Kandertal, Berner Oberland • Schweiz   📍 46.548186 | 7.7553566 (Bahnhof Reichenbach)

SPEKTAKEL ★★★★★   **ERREICHBARKEIT** ★★★★★   **KOSTEN** ★★☆☆☆   **AUFWAND** ★★☆☆☆
FÜR WEN? Angstfreie   **HIGHLIGHT** Die steilen kurvigen Straßen

Busfahren ist langweilig? Nicht im Berner Oberland. Zumindest nicht im PostAuto, das mit einer Steigung von bis zu 28 Prozent von Reichenbach im Kandertal zur Griesalp im Kiental fährt.

Ausgangspunkt ist der Bahnhof Reichenbach. Dort startet das PostAuto zu seiner spektakulären Fahrt. Vorbei an schroffen Felswänden, Schluchten und tosenden Wasserfällen windet sich der gelbe Kultbus über die relativ enge, sehr kurvige Straße hinauf zur Griesalp auf 1.400 Metern Höhe. Ständiger Begleiter ist der typische PostAuto-Sound des Dreiklanghorns. »Dü-Da-Doo« erklingt es vor jeder Kurve, um entgegenkommende Autofahrer zu warnen. Ein Kreuzen mit dem Gegenverkehr ist nur an wenigen Ausweichstellen möglich. Der nervenkitzelndste Teil der Fahrt beginnt, wenn sich der Kleinbus durch eine dicht bewaldete Gegend zur Potschenschlucht hinauf schlängelt und die Straße plötzlich nur halb so breit erscheint wie das gelbe Gefährt. Nach ein paar Serpentinen, die enger nicht sein könnten, hält das PostAuto auf einer kleinen Brücke an, damit die Fahrgäste einen Blick auf den spektakulären Dündenfall werfen können, der hier ins Tal donnert. Danach wird die Straße richtig steil. Auf kleinstem Radius legt der Fahrer eine 180°-Wende hin. Für schwache Nerven ist das nichts! Auf dem letzten Kilometer zwängt sich der Bus zwischen einer Felslücke hindurch, die an der schmalsten Stelle gerade mal 2,20 Meter misst. Nach einer weiteren Serpentine ist das Ziel in Sicht. Schlottrige Knie sind nach der 45-minütigen Fahrt keine Seltenheit.

Anfahrt Zum Beispiel ab Bern Hauptbahnhof mit der Regionalbahn nach Reichenbach im Kandertal (46 Minuten), dort einsteigen in die Kiental-Griesalp-Linie des PostAutos. Mit dem Auto ab Bern über die A6 (45,4 Kilometer) nach Reichenbach.
Weitere Infos www.postauto.ch/de/ausflugstipps/kiental-griesalp-linie

#56 KURVEN ZÄHLEN

DIE KURVENREICHSTE STRASSE DER SCHWEIZ

Chur – Arosa, Graubünden • Schweiz   📍 46.8502763 | 9.5344009 (Arosastrasse Chur)

SPEKTAKEL ★★★★★   **ERREICHBARKEIT** ★★★★★   **KOSTEN** ★☆☆☆☆   **AUFWAND** ★☆☆☆☆
FÜR WEN? Kurvensichere   **HIGHLIGHT** Die vielen Kurven

Abenteuerlich, atemberaubend, spektakulär: die Auto- oder Motorradfahrt von Chur hinauf nach Arosa.

Ob irgendjemand tatsächlich mal die Kurven gezählt hat? Mal sollen es 360 sein, (laut Lonely Planet sogar 365), dann wieder 240, aber letztendlich spricht man von »über 200« Kurven. Auf jeden Fall gibt es eine Menge Haarnadelkurven auf der 30 Kilometer langen Schanfiggstraße, welche die Kantonshauptstadt Chur mit dem höher gelegenen Kurort Arosa verbindet. Auf den ersten 8,5 Kilometern überwindet die Straße durch das langgestreckte Schanfigg-Tal 580 Höhenmeter, auf den folgenden 15,5 Kilometern nur 225, und auf den letzten sechs Kilometern wieder 480 Höhenmeter. Vorbei an sattgrünen Wiesen und Wäldern – und immer die Berge im Blick.

Die vom Bund als »Hauptstraße 566« betitelte kurvenreiche Schanfiggstraße entstand im 19. Jahrhundert in zwei Abschnitten. Die erste Hälfte, die Straße nach Langwies, wurde zwischen 1873 und 1875 gebaut und blieb Postkutschen vorbehalten. Als der Tourismus in Arosa zunahm und die ersten Hotels entstanden, wurden zwischen 1888 und 1890 die restlichen zehn Kilometer in Angriff genommen. Die Fahrt mit der Postkutsche von Chur nach Arosa dauerte damals sechs Stunden, zurück die Hälfte. Mit der Inbetriebnahme der Arosabahn im Dezember 1914 endete die Postkutschen-Ära nach Chur. Das erste Automobil, das von Chur nach Arosa hinauffuhr, war ein Militärauto. Für den allgemeinen Autoverkehr blieb die Schanfiggstraße noch bis 1927 gesperrt.

Seit dem frühen 20. Jahrhundert wurde die Straße von ein- auf zweispurig verbreitert, begradigt, steckenweise wieder verbreitert und mit Tunneln und Brücken versehen.

Anfahrt Startpunkt ist die Schanfiggstraße, die beim Obertor in Chur beginnt.
Weitere Infos
www.chur.graubuenden.ch/de und
https://arosalenzerheide.swiss/de/Arosa

Tipp – Bahn statt Auto: Bahnstrecke Chur-Arosa

Die Chur-Arosa-Bahn fährt zuerst wie eine Tram gemächlich mitten durch die Stadt, bevor sie gleich nach der Stadtgrenze im engen Plessur-Tal zur Gebirgsbahn wird. Auf der 26 Kilometer langen Strecke, die über Lüen-Castiel, Sankt Peter-Molinis, Langwies und Litzirüti nach Arosa führt, überwindet der rote Zug über 1.000 Höhenmeter, fährt über 53 Brücken und Viadukte, durch 19 Tunnel und 12 Lawinenschutzgalerien. Mit 60 Promille Steigung ist die kurvige Schmalspurbahn drei Mal so steil wie eine normale Bahnstrecke. Mehr als 35 km/h sind da nicht drin.

Auf der einstündigen Fahrt geht es vorbei an wilden Schluchten, Wäldern und sattgrünen Wiesen, Bergdörfern wie aus dem Bilderbuch, historischen Bahnstationen und der mit über 350 Jahren ältesten Esche Europas. Immer wieder bieten sich grandiose Blicke ins Tal und auf die Berge. Traumhaft ist die Bahnfahrt vor allem im Winter, wenn der Schnee die Wälder und Wiesen in eine weiß glitzernde Märchenlandschaft verwandelt und Rehe entlang der Strecke durch den Schnee stapfen.

Wahrzeichen der über Hundert Jahre alten Chur-Arosa-Bahn ist das Langwieser Viadukt. Mit 284 Metern Länge und 62 Metern Höhe ist es die größte Brücke im Netz der Rhätischen Bahn. Das Viadukt war bei seiner Fertigstellung 1914 die erste Stahl-Beton-Brücke dieser Dimension und galt als Meisterleistung der Ingenieurkunst.

Weitere Infos: www.rhb.ch/de/freizeit-ausfluege/graubuenden-entdecken/arosalinie

#57 IM BOGEN SCHRÄG NACH OBEN
DER EINZIGARTIGSTE AUFZUG DER WELT

Hannover, Niedersachsen • Deutschland   ♦ 52.3713889 | 9.7361111

SPEKTAKEL ★★★★★ **ERREICHBARKEIT** ★★★★★ **KOSTEN** ★☆☆☆☆ **AUFWAND** ★☆☆☆☆
FÜR WEN? Turmfahrer   **HIGHLIGHT** Kippen der Kabine

Erst geht es senkrecht in die Höhe, dann kippt die Fahrstuhlkabine um 17 Grad. Dank Boden- und Deckenverglasung kann man dabei zuschauen. Das verschafft Adrenalinschübe.

Zugegeben, nicht jeder möchte während der Schrägfahrt in dem High-Tech-Lift einen Blick durch den Boden in den Schacht werfen. Müssen die Höhenängstigen auch nicht, denn der Aufzugführer kann die Bodenverglasung durch Knopfdruck jederzeit schließen oder erst gar nicht auf durchsichtig schalten.

Den Blick durch die Decke sollte man sich aber nicht entgehen lassen, denn so lässt sich der Fahrtverlauf hinauf zur Kuppel genau verfolgen. Da sich diese nach oben hin verjüngt, muss der Aufzug von Ebene 3 zu Ebene 4 einen Bogen nehmen und den Mauern der Kuppel folgen. Dabei kippt die Kabine in einen Neigungswinkel von 17 Grad. Oben angekommen, ist der Fahrstuhl in der Horizontalen acht Meter von seinem Einstiegspunkt entfernt.

Auf Treppen geht es weiter hinauf zu den beiden Aussichtsplattformen, die auf knapp 90 bzw. 100 Metern einen grandiosen 360°-Blick auf Hannover bieten und bei gutem Wetter und klarem Himmel sogar auf den Harz und den Brocken.

Der Bogenaufzug im über 100 Jahre alten Neuen Rathaus, das mit seinen Erkern, Türmchen, Rundbögen und Säulen einem Schloss ähnelt, ist nicht neu. Der Originalaufzug aus dem Jahr 1908 wurde 2007/2008 durch einen High-Tech-Aufzug ersetzt. Einen vergleichbar konstruierten Aufzug soll es weltweit nur in einem der Füße des Pariser Eiffelturms geben. Dieser ist allerdings nur ein Schräg- und kein Bogenaufzug.

Anfahrt Vom Hauptbahnhof Hannover mit der U3/U9 bis Station »Markthalle/Landtag«, dann 519 Meter bis zum Neuen Rathaus am Trammplatz 2. Mit dem Auto über Prinzenstraße und Friedrichswall.
Weitere Infos www.visit-hannover.com

#58 SENKRECHT IN DIE HÖHE
DER SCHNELLSTE AUFZUG EUROPAS

Potsdamer Platz, Berlin • Deutschland ♀ 52.5090956 | 13.3748039

SPEKTAKEL ★★★★★ **ERREICHBARKEIT** ★★★★★ **KOSTEN** ★★☆☆☆ **AUFWAND** ★☆☆☆☆
FÜR WEN? Geschwindigkeits-Fans **HIGHLIGHT** 360°-Panoramablick

Nur wenige Sekunden dauert die Fahrt vom Erdgeschoss in die 24. Etage des Kollhoff Towers am Potsdamer Platz. Schneller geht's nur in Shanghai.

Mit einer Geschwindigkeit von 8,5 Metern pro Sekunde rast der verspiegelte Lift in Nullkommanix auf 90 Meter Höhe. Bevor es durch Luftdruckschwankungen in den Ohren knistert und knackt, ist man auch schon angekommen. Zugegeben, das Tempo ist nichts gegen den »NexWay« in Shanghai, der mit 20,5 Meter pro Sekunde als schnellster Fahrstuhl der Welt gilt. Andererseits, zum Vergleich: in höheren Bürogebäuden Deutschlands beträgt die Geschwindigkeit eines Aufzugs 1,6 bis 2,5 Meter pro Sekunde – dagegen ist die Fahrt im Kollhoff Tower geradezu rasant.

Wenn sich die marmorverkleideten Fahrstuhltüren im 24. Stock öffnen, ist es zur Aussichtsplattform nur ein Katzensprung. Wer höher hinauf will, nimmt die Treppe zu einer weiteren Plattform auf der 25. Etage. Ob auf 90 oder 96 Metern über Berlin, der jeweilige Panoramapunkt garantiert eine atemberaubende 360°-Sicht auf die Skyline der Hauptstadt, das Brandenburger Tor, den Reichstag, die Siegessäule und andere historische und bauliche Highlights. Ganz zu schweigen vom Blick auf den schönsten Sonnenuntergang Berlins.

Die Open-Air-Ausstellung »Berliner Blicke« in der 24. Etage sorgt zudem für eine spannende Zeitreise in die Vergangenheit des Potsdamer Platzes und das rundum verglaste Panoramacafé für Kulinarisches.

Das nach seinem Architekten Hans Kollhoff benannte Gebäude im New Yorker Backsteinstil wurde 1999 nach fünfjähriger Bauzeit eingeweiht. Mit 101 Metern ist es das höchste Gebäude am Potsdamer Platz. Mit dem Ziel eines Eintrages ins Guinness-Buch der Rekorde wurde im Juli 2010 ein Stück der Berliner Mauer (»Flying Wall«) mit einem Helikopter auf die Spitze des Kollhoff Towers geflogen und auf knapp 100 Metern Höhe ausgestellt.

Anfahrt Ab Berlin Hauptbahnhof mit Bus M41 zum Potsdamer Platz, mit dem Auto via B96.
Weitere Infos www.panoramapunkt.de

#59 STEILFAHRT AUF DEN BERG

DIE STEILSTE STANDSEILBAHN DER WELT

Schwyz-Stoos, Schwyz • Schweiz 46.9912603 | 8.6733208

SPEKTAKEL ★★★★☆ **ERREICHBARKEIT** ★★★★★ **KOSTEN** ★★☆☆☆ **AUFWAND** ★☆☆☆☆
FÜR WEN? Schrägfahrer **HIGHLIGHT** Der Blick ins Tal

Steiler geht's mit keiner. Fast waagerecht fährt die Weltrekordbahn ins autofreie Bergdorf Stoos auf 1.300 Metern Höhe.

Von Weitem sieht es aus, als würden schwarz-gelbe Fässer den Berg hinaufrollen. Tatsächlich ist es die fassförmige Standseilbahn Schwyz-Stoos. Gleich nach dem Start überwindet sie eine Steigung von 110 Prozent, was 47 Grad entspricht, das heißt, sie überwindet auf einem Abschnitt von 100 Metern Länge in waagerechter Richtung 110 Höhenmeter. Die Bahn mit dem futuristischen Design gilt als technisches Wunderwerk. Ihre vier runden Kabinen sind so konstruiert, dass die Passagiere immer auf einer waagrechten Fläche stehen, egal, wie steil es bergauf geht. Außer einem leichten Kribbeln im Bauch merken die meisten kaum etwas von der Steigung. Da die Kabinen fast rundum verglast sind, gewährt die kurze Fahrt hinauf nach Stoos ein atemberaubendes Panorama und, oben angekommen, einen Blick auf den Vierwaldstätter See.

Der herausfordernde Bau der Bahnstrecke mit drei Tunneln dauerte fünf Jahre. Für die Einwohner von Stoos ist die Rekord-Standseilbahn der einzige Zugang zum Tal. Bis zur Inbetriebnahme im Dezember 2017 waren sie auf die technisch veraltete Drahtseilbahn Baujahr 1933 angewiesen. Mit dieser ging es nicht ganz so schnell und steil hinauf ins Dorf. Die Bahn der Superlative braucht nur vier Minuten nach Stoos, da sie die Stationen in fast direkter Luftlinie verbindet.

Anfahrt Vom Bahnhof Schwyz fahren Busse in 20 Minuten zur Haltestelle »Stoosbahnen«. Mit dem Auto ab Schwyz Richtung Muotathal fahren. Die Talstation »Schlattli« und Parkplätze liegen direkt an der Straße.
Weitere Infos
www.stoos.ch und
https://stoos-muotatal.ch/train/stoosbahnen

#60 EINMAL QUER DURCH BERLINS UNTERGRUND

DIE LÄNGSTE UNTERIRDISCH VERLAUFENDE U-BAHN-LINIE DEUTSCHLANDS

U7, Startpunkt U-Bahnhof Rudow, Berlin • Deutschland 52.4162269 | 13.4952892

SPEKTAKEL ★★★★☆ **ERREICHBARKEIT** ★★★★★ **KOSTEN** ★☆☆☆☆ **AUFWAND** ★☆☆☆☆
FÜR WEN? U-Bahn-Fans **HIGHLIGHT** Ausgefallene Gestaltung

Mit knapp 42 Kilometern Länge und 40 Stationen ist die U7 nicht nur die längste Berliner U-Bahn-Linie, sondern auch die längste der Republik – zumindest, was das Unterirdische anbelangt.

»I'm the passenger, and I ride and I ride« – fast fühlt man sich wie Iggy Pop, der in seinen Berliner Jahren Ende der 1970er fast jeden Tag ziellos mit der S-Bahn durch die Stadt fuhr und daraufhin seinen Hit The Passenger schrieb. Nur, dass er überirdisch unterwegs war und so allerhand sah (I ride through the city's backsides) und man selbst unterirdisch »through the city's black sides« und vor allem Tunnellichter sieht anstatt »the stars come out of the sky« wie im Song.

Okay, das ist übertrieben, denn unter den 40 Stationen, an denen die U7 hält, befinden sich einige der schönsten U-Bahnhöfe Berlins. Allein sieben zwischen den Stationen Siemensdamm und Rathaus Spandau stehen aufgrund ihrer ausgefallenen Gestaltung auf der Liste der Berliner Verkehrsdenkmäler. Auch sonst gibt es auf der knapp einstündigen Fahrt allerhand zu sehen, sobald die U-Bahn zum Stehen kommt. Tatsächlich verfügt die U7 über einen der buntesten Tunnel der Welt. Dieser ist dem Architekten Rainer Gerhard Rümmler zu verdanken, der als Oberbaurat ab 1964 dreißig Jahre lang das Gesicht des West-Berliner Untergrunds prägte. Keine U-Bahnstation der Linie gleicht der anderen.

Die Strecke beginnt im Zentrum von Rudow, einem Ortsteil im Bezirk Neukölln im Süden Berlins und endet am Spandauer Rathaus im Westen der Hauptstadt. Die exakte Streckenlänge beträgt 31,8 Kilometer, die Fahrtzeit 56 Minuten. Die U7 verläuft komplett unterirdisch und hielt von 1984 bis 1988 sogar den Rekord als längster Tunnel der Welt.

Anfahrt Ab Hauptbahnhof Berlin schnellste Verbindung mit RE5 zum »Südkreuz«, dort umsteigen in S45 zum »S+U Neukölln«, weiter mit U7 nach »Rudow«. Mit dem Auto via B96.

Rudow

#61 SCHWEBEN UNTER EINEM ALPINEN DORF

DIE HÖCHSTGELEGENE LUFTKISSENBAHN DER WELT

Serfaus, Tirol • Österreich   47.0386249 | 10.6050069

SPEKTAKEL ★★★★★   **ERREICHBARKEIT** ★★★★☆   **KOSTEN** ★★☆☆☆   **AUFWAND** ★★★☆☆
FÜR WEN? U-Bahn-Fans   **HIGHLIGHT** Die Fahrt

Weil die Luftkissenbahn in Serfaus unterirdisch verkehrt, gilt sie zugleich als weltweit kleinste höchstgelegene und auf Luftkissen schwebende U-Bahn. Und ist damit auch die einzige dieser Art in einem 1.145 Seelen zählenden Dorf auf 1.400 Metern Höhe.

Seit Ende 1985 schwebt die U-Bahn Serfaus unter dem Bergdorf durch einen 1.280 Meter langen Tunnel. Damals noch als Dorfbahn Serfaus. Nach einer umfassenden Rundumerneuerung wurde sie im September 2019 in »U-Bahn Serfaus« umbenannt. Die vollautomatische, fahrerlose Luftkissenbahn mit Seilantrieb durchquert das kleine Örtchen von Ost nach West vom östlichen Rand des Dorfes bis zur Talstation der Komperdell-Seilbahnen und hält dabei an vier Stationen. Sie verfügt über drei durchgängige Waggons und kann bis zu 3.000 Personen pro Stunde befördern.

Dass in dem alpinen Dorf überhaupt eine U-Bahn gebaut wurde, hat damit zu tun, dass es Anfang der 1980er-Jahre zu einem Verkehrsinfarkt kam. Mit steigenden Gästezahlen stieg auch der Verkehr in dem beliebten Skiort. In der Hochsaison rollten und stauten sich bis zu 30 Skibusse durch den kleinen Ortskern. Auf der Suche nach Lösungen kam man zu dem Schluss, dass eine unterirdische Bahn die beste Möglichkeit sei, den Straßenverkehr zu entlasten und dabei das Dorfbild nicht zu stören.

Nicht jeder in Serfaus war von dieser Idee begeistert. U-Bahnen ratterten durch den Untergrund von Metropolen wie Wien, aber doch nicht unter einem kleinen Dorf in den Tiroler Alpen. Der Gemeinderat blieb stur und verwirklichte das Projekt, durch das gesamte Dorf wurde ein Tunnel gegraben. Nach zweijährigen Bauarbeiten wurde die unterirdische Luftkissenbahn im Dezember 1985 feierlich eröffnet.

Anfahrt Ab Bahnhof Landeck-Zams mit Bus 4236 nach Serfaus, dann eine der vier Haltestellen »Seilbahn«. Mit dem Auto via B180 und Serfauer Landesstraße.
Weitere Infos
www.serfaus-fiss-ladis.at/de/Orte-Region/U-Bahn-Serfaus

#62 DURCH DEN BERG SAUSEN

DIE HÖCHSTGELEGENE U-BAHN DER WELT

Saas-Fee, Wallis • Schweiz 📍 46.105939 | 7.928095 (Talstation)

SPEKTAKEL ★★★★★ **ERREICHBARKEIT** ★★★★☆ **KOSTEN** ★★★☆☆ **AUFWAND** ★★☆☆☆
FÜR WEN? U-Bahn-Fans **HIGHLIGHT** Die Steigung

Ähnlich einer U-Bahn fährt die vollständig unterirdisch verkehrende Standseilbahn Metro Alpin in Saas-Fee hinauf zu zwei weiteren Superlativen: dem höchstgelegenen Drehrestaurant und dem größten Eispavillon der Welt.

Die Fahrt mit der Metro Alpin ist kurz. In gerade mal zwei Minuten und 40 Sekunden fährt sie von der Talstation »Felskinn« auf 2.990 Metern Höhe zur 3.456 Meter hoch gelegenen Bergstation »Mittelallalin« am Nordhang des Allalinhorns. Auf den 466 Höhenmetern, die sie dabei überwindet, hat der steilste Abschnitt eine Steigung von 48,2 Prozent. In den beiden 16,5 Meter langen Fahrzeugen haben je 115 Personen Platz. Die Standseilbahn der Superlative gilt als die höchste Bahn dieser Art weltweit. Mehr als drei Jahre hat der Bau des 1.749 Meter langen Tunnels durch den Mittelallalinberg gedauert (September 1981 bis Dezember 1984).

Oben auf der Bergstation steht mit dem Threes!xty das gleichzeitig das höchste Restaurant der Schweiz und das höchstgelegene Drehrestaurant der Welt ist. In einer Stunde dreht es sich einmal um die eigene Achse und gibt so während des Essens einen atemberaubenden 360°-Blick auf die umliegenden Gipfel frei.

Der nicht weit entfernte Eispavillon im Feegletscher bietet einen Blick ins Gletscherinnere. Zu den Highlights in der 5.500 Quadratmeter großen, minus fünf Grad kalten Eisgrotte zählen neben den gigantischen Eisskulpturen eine Laweninszenierung mit Lichteffekten und einer Druckwelle, die man am ganzen Körper spürt.

Anfahrt Zum Beispiel ab Sion mit dem InterRegio bis Visp, dort umsteigen in Bus B 511 nach Saas-Fee. Dann zur Talstation »Felskinn«. Mit dem Auto ab Sion über die A9 (71 Kilometer) zur Talstation.
Weitere Infos www.saas-fee.ch

#63 DURCH DAS HERZ DER SCHWEIZ
DER LÄNGSTE EISENBAHNTUNNEL DER WELT

Erstfeld, Uri – Bodio, Tessin • Schweiz ♦ 46.8295211 | 8.6477174

SPEKTAKEL ★★★☆☆   **ERREICHBARKEIT** ★★★★☆   **KOSTEN** ★★★☆☆   **AUFWAND** ★★☆☆☆
FÜR WEN? Zugreisende   **HIGHLIGHT** Die Einfahrt

Das Jahrhundertbauwerk St. Gotthard Basistunnel, der das Gotthardmassiv unterquert, ist nicht nur der längste, sondern mit einer Felsüberlagerung von bis zu 2.300 Metern auch der am tiefsten liegende Eisenbahntunnel der Welt.

Ein leichtes Unterfangen war der Bau des Basistunnels nicht. Es brauchte 17 Jahre Bauzeit, mehr als 12 Milliarden Schweizer Franken, 400 Meter lange monströse Bohrmaschinen, die sich durch den Berg frästen und 2.500 Arbeiter, von denen neun bei den Bauarbeiten ums Leben kamen. Der Höhepunkt des Tunnelbaus war nach elfjähriger Bauzeit der Durchschlag der Oströhre, bei der 28 Millionen Tonnen Gestein herausgebrochen wurden. Der Rekordtunnel wurde am 1. Juni 2016 feierlich eröffnet, am 5. September 2016 rollten die ersten Güterzüge durch den Berg, drei Monate später folgte der Personenverkehr.

Einfahrt in den 57 Kilometer langen Basistunnel ist das Nordportal in Erstfeld im Kanton Uri, Ausfahrt das Südportal bei Bodio im Tessin. Der Tunnel der Superlative besteht aus zwei Einspurröhren, die 40 Meter auseinander liegen und alle 325 Meter durch einen Querstollen miteinander verbunden sind. Ausgestattet ist der Haupttunnel mit vier Nothaltestellen inklusive Fluchttüren in einen Quertunnel, in dem Passagiere und Zugpersonal sicher sind, sollte es zu einem Not- oder Katastrophenfall unter Tage kommen. Das gesamte Tunnelsystem misst rund 152 Kilometer, zählt man sämtliche Schächte, Verbindungs- und Zugangsstollen hinzu. Anders als der alte St. Gotthard Tunnel weist er praktisch keinerlei Steigungen auf. Zwei Drittel der Züge, die durch den Tunnel fahren, sind Güter-, ein Drittel sind Reisezüge.

Anfahrt Verschiedene Bahnverbindungen führen durch den St. Gotthard Basistunnel, so z. B. ab Basel, Luzern oder Zürich. Zugverbindungen auf www.sbb.ch, Infos zum Bau des Tunnels: www.alptransit.ch/de/gotthard/gotthard-basistunnel

#64 AUF DEN PILATUS HINAUF ZUCKELN

DIE STEILSTE ZAHNRADBAHN DER WELT

Pilatusbahn, Alpnach, Obwalden • Schweiz 📍 46.9565381 | 8.2887319

SPEKTAKEL ★★★★★ **ERREICHBARKEIT** ★★★★☆ **KOSTEN** ★★★☆☆ **AUFWAND** ★★☆☆☆
FÜR WEN? Gemütlich Reisende **HIGHLIGHT** Der Blick auf das Bergpanorama

Steiler geht's mit einer Zahnradbahn nicht. Bis zur Bergstation auf 2.073 Metern Höhe legt die Bahn 4 Kilometer und 618 Meter zurück und überwindet dabei eine Steigung von bis zu 48 Prozent.

Für verwegen und verrückt erklärte man anfangs die Idee des Ingenieurs Eduard Locher, eine Bahn auf den Pilatus zu bauen. Wie sollte eine Bahn die Steigung von 48 Prozent schaffen? Locher ließ sich nicht von seiner Vision abbringen, denn er wusste einfach, dass die vom ihm entwickelte Zahnradkonstruktion (Zahnradsystem Locher) den extremen Anstieg schaffen würde. Letztendlich erhielt er grünes Licht für den Bau.

Die Bauarbeiten begannen Mitte 1886 und gestalteten sich extrem schwierig, da die über viereinhalb Kilometer lange Trasse größtenteils durch unwegsames Gebiet führte. Teilweise mussten die Arbeiter an Seilen heruntergelassen werden, um ihre Arbeit verrichten zu können. Zwei Jahre später bzw. nach exakt 400 Arbeitstagen war die Strecke fertig.

Im August 1888 zuckelte die erste Bahn auf den Pilatus hinauf. Ihren offiziellen Betrieb nahm sie im Juni 1889 mit acht Dampftriebwagen auf. Anfangs dauerte die Bergfahrt 70 Minuten, die Talfahrt 20 Minuten mehr.

Dank Elektrifizierung der Pilatusbahn 1936/37 konnte die Fahrtzeit verkürzt werden. Heute ist sie bei einer Geschwindigkeit von 9 bis 12 km/h in 30 Minuten auf dem Berg und in 40 Minuten bei maximal 9 km/h an der Talstation. Seit November 2020 wird die komplette Zahnradbahn modernisiert und saniert – bis Mai 2023 sollen die Bauarbeiten abgeschlossen sein. Der erste von acht neuen Triebwagen nahm im Sommer 2021 Fahrt auf.

Anfahrt Ab Bahnhof Alpanch Dorf mit der S5 Richtung Luzern nach Alpnachstad. Von dort sind es zu Fuß 45 Meter zu den Pilatus-Bahnen, dann geht es mit der Zahnradbahn hinauf zur Bergstation »Pilatus Kulm«. Mit dem Auto über Brünigstrasse.
Weitere Infos www.pilatus.ch

#65 DEN BAUCH EINZIEHEN

DIE ENGSTE STRASSE DER WELT

Reutlingen, Baden-Württemberg • Deutschland 48.4907251 | 9.2135429

| SPEKTAKEL ★★★★★ | ERREICHBARKEIT ★★★★★ | KOSTEN ★☆☆☆☆ | AUFWAND ★☆☆☆☆ |
| FÜR WEN? Sehr schlanke Menschen | HIGHLIGHT Steckenbleiben | | |

Laut dem Guinness-Buch der Rekorde ist die Spreuerhofstraße in Reutlingen seit 2007 die weltweit engste Straße. Für manch einen ist ein Durchkommen schier unmöglich.

Die knapp 50 Meter lange Gasse in der Reutlinger Altstadt ist durchschnittlich 40 Zentimeter und an ihrer schmalsten Stelle gerade mal 31 Zentimeter breit. Mit einem Hüftumfang über 90 cm wird's selbst an der breitesten Stelle eng. Da sollte man dann lieber im Seitwärtsgang mit eingezogenem Bauch gehen, um nicht steckenzubleiben. An der schmalsten Stelle sowieso. Wer an Klaustrophobie leidet, sollte erst gar keinen Fuß in die Gasse setzen.

Das Gässchen, genau genommen ein Spalt zwischen zwei Häusern, entstand nach dem verheerenden Stadtbrand von 1726, als die Stadt neu aufgebaut wurde. Die Straße ist nach dem Spreuerhof benannt, im 19. Jahrhundert ein Getreidelager für das Reutlinger Spital. Vermutlich war die enge Gasse als Fluchtweg im Brandfall gedacht.

Seit es das Sträßchen dank einer engagierten Managerin der Stadtmarketing und Tourismus Reutlingen GmbH in das Guinness-Buch der Rekorde schaffte, ist es die touristische Attraktion Reutlingens schlechthin. Keiner will es verpassen. Selbst der frühere Staatspräsident Chinas, Hu Jintao, soll sich bei einem Deutschlandbesuch hindurchgezwängt haben.

Am Eingang der Spreuerhofstraße weist ein Schild auf Deutsch und Englisch auf den Rekord der weltweit schmalsten Straße hin. Nachdem es in den vergangenen Jahren unzählige Male gestohlen worden war, wurde es mittlerweile mit Spezialschrauben befestigt.

Anfahrt Ab Reutlingen Hauptbahnhof sind es zu Fuß nur 11 Minuten zur Spreuerhofstraße. Die Gasse liegt östlich der Marienkirche und verbindet die Metzgerstraße mit der Mauerstraße. Mit dem Auto: via Kaiserstraße.

Weitere Infos
www.tourismus-reutlingen.de

#66 PRÄZISIONSARBEIT GEFRAGT
DIE SCHMALSTE AUTOBRÜCKE DEUTSCHLANDS

Ledabrücke, Amdorf, Niedersachsen • Deutschland   ● 53.2134353 | 7.5295612

SPEKTAKEL ★★★★☆   **ERREICHBARKEIT** ★★★★☆   **KOSTEN** ★★☆☆☆   **AUFWAND** ★★☆☆☆
FÜR WEN? Gute Autofahrer   **HIGHLIGHT** Das erfolgreiche Hinüberfahren

Wer den Spiegel einklappt, kommt mit seinem Auto ohne Kratzer rüber, wer nicht, sollte es bei den falschen Maßen lieber sein lassen.

Das Verkehrsschild vor der Brücke gibt an, dass das Konstrukt 1,80 Meter breit ist, wobei der Spielraum weitere fünf Zentimeter betragen soll. Als die Brücke über den Fluss Leda im Juli 1956 eröffnet wurde, war die schmale Breite kein Problem, denn vorwiegend war die Brücke für Fußgänger, Radfahrer und Vieh gedacht. Vom eigenen Auto konnten die meisten Menschen in den 1950er-Jahren nur träumen, in ländlichen Gegenden sah man nur selten eines. Zudem waren die Autos jener Zeit nicht sonderlich breit. So maß der meist gefahrene Pkw jener Zeit, der VW-Käfer, nicht einmal 1,60 Meter. Der beliebte Opel Olympia Rekord war 1,62 Meter breit, das Goggomobil maximal 1,37 Meter und der Messerschmitt Kabinenroller nicht einmal 1,30 Meter.

Kaum ein Pkw war also breiter als die Brücke. Diese ist zwar nur 50 Meter lang, aber die paar Meter haben es in sich, wenn das Auto die falschen Maße hat und die Außenspiegel nicht eingeklappt sind. So ist ein VW Polo V mit ausgeklappten Spiegeln ca. 1,90 Meter breit, ohne etwa 1,68 Meter. Ein Mercedes-Benz der C-Klasse ist mit ausgeklappten Spiegeln über zwei Meter breit, ohne knapp über 1,80 Meter. Ein SUV schafft es erst gar nicht hinüber. Dass auf der Brücke schon einige Außenspiegel gegen die Pfeiler gedonnert sind, sieht man an denselben, die voller Kratzer sind.

»Nadelöhr Ostfrieslands« nennen einige die schmale Brücke bei Amdorf im Landkreis Leer, die eine seit 1886 bestehende Fährverbindung über die Leda ersetzte. Nun hat die Brücke sieben Jahrzehnte auf dem Buckel und soll in den nächsten Jahren neu gebaut werden. Breiter, höher und länger. Ein Datum steht noch nicht fest.

Anfahrt Mit dem Auto ab Leer über die Nettelburger Straße.
Weitere Infos www.ostfriesland.de (bei Suche »schmalste Autorücke« eingeben).

#67 SPEKTAKULÄRE ZUGFAHRT

DIE STEILSTE BAHNSTRECKE DEUTSCHLANDS

Freiburg, Baden-Württemberg • Deutschland   ♀ 47.9976534 | 7.8421503

SPEKTAKEL ★★★★☆ **ERREICHBARKEIT** ★★★★★ **KOSTEN** ★★☆☆☆ **AUFWAND** ★☆☆☆☆
FÜR WEN? Passionierte Zugfahrer   **HIGHLIGHT** Atemberaubende Ausblicke

Die Höllentalbahn führt vorbei an schroffen Felswänden und steilen Abhängen. Eine Zugfahrt mit vielen Ahs und Ohs.

Auf der 76 Kilometer langen Strecke durchquert die Höllentalbahn den Schwarzwald in horizontaler Richtung von West nach Ost. Von Freiburg im Breisgau bis Donaueschingen. Schon auf den ersten 25 Kilometern werden 617 Höhenmeter überwunden. Rund neun Kilometer führen durch das teils schluchtartige Höllental zwischen Himmelreich und Hinterzarten im Hochschwarzwald. Die Steigung auf der größtenteils eingleisigen Strecke beträgt hier bis zu 57,14 Prozent!

Aufgrund der großen Steigung galt die Strecke durch das Höllental für den Eisenbahnverkehr lange Zeit als unüberwindbar. Nicht zuletzt wegen der technischen Voraussetzungen. Erst 1882 wagte man sich an den Bau der Strecke durch den stellenweise sehr felsigen Hochschwarzwald. Eine Mammutaufgabe für die Ingenieure vor über 140 Jahren. Zahlreiche Tunnel und Brücken wurden gebaut, darunter das riesige Ravenna-Viadukt. Der Streckenabschnitt Freiburg-Neustadt wurde im Mai 1887 feierlich eröffnet. Aufgrund der extremen Steigung musste der Abschnitt Hirschsprung-Hinterzarten anfangs allerdings als Zahnradbahn betrieben werden. Da der Bau Unsummen an Geld verschlungen hatte, waren zunächst keine finanziellen Mittel mehr für den Weiterbau vorhanden. So stockte dieser für ein paar Jahre. Erst 1901 war die gesamte Strecke bis Donaueschingen fertig gestellt und konnte im August desselben Jahres eröffnet werden.

Zu den Höhepunkten der Höllentalbahn gehört die Fahrt über das 37 Meter hohe Ravenna-Viadukt zwischen Himmelreich und Hinterzarten, das einen spektakulären Blick über die Ravennaschlucht bietet.

Anfahrt Die Züge der Höllentalbahn verkehren als S-Bahn stündlich ab Freiburg Hauptbahnhof, legen bis Donaueschingen 13 Zwischenstopps ein und passieren 15 Tunnel. Reisedauer: 1 Stunde 29 Minuten.
Weitere Infos
www.hochschwarzwald.de

Die Ravennabrücke überspannt die gleichnamige Schlucht, die in das obere Höllental mündet. →

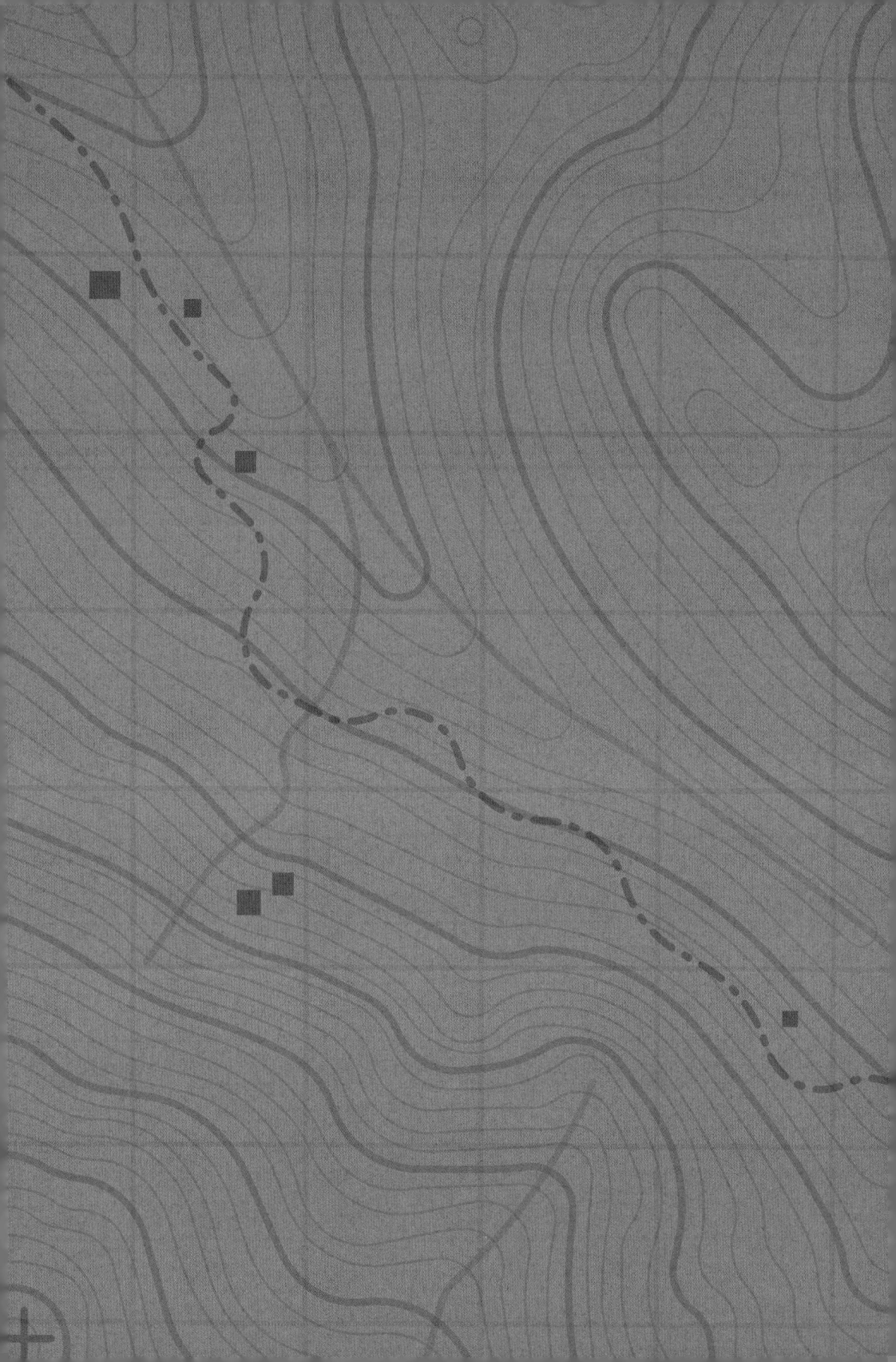

HISTORISCHES

Legendär, alt und sagenumwoben. Nicht nur Hobby-Historiker kommen auf ihre Kosten, sondern auch Cineasten und Genießer.

#68 FLEISCHFREI SCHLEMMEN

DAS ÄLTESTE VEGETARISCHE RESTAURANT DER WELT

Hiltl, Zürich • Schweiz   📍 47.3732954 | 8.5366833

SPEKTAKEL ★★★★☆   **ERREICHBARKEIT** ★★★★★   **KOSTEN** ★★★☆☆   **AUFWAND** ★☆☆☆☆
FÜR WEN? Nicht nur für Vegetarier und Veganer   **HIGHLIGHT** Das Buffet

Im ausgehenden 19. Jahrhundert als Wurzelbunker verschrien, ist das Haus Hiltl heute ein innovativer und kosmopolitischer Gourmettempel und aus Zürich nicht mehr wegzudenken.

Als das Restaurant im Jahr 1898 als »Vegetarierheim und Abstinenz-Café« in der Sihlstraße eröffnete, betraten viele Gäste es durch die Hintertür, um nicht als Grasfresser verspottet zu werden. Einer der Gäste war der Oberpfälzer Schneidergeselle Ambrosius Hiltl. Er war weder Vegetarier noch Abstinenzler, konnte aufgrund von Gelenkrheumatismus seinen Beruf seit 1901 nicht mehr ausüben und war vom Arzt zu vegetarischer Kost verdonnert worden. Hiltl wurde Stammgast im Vegetarierheim und dank der fleischlosen Diät bald wieder gesund. Aber anstatt zu Nadel und Faden zurückzukehren, nahm der nun überzeugte Vegetarier 1903 die Stelle als Geschäftsführer seines Stammlokals an, heiratete die vegetarische Köchin Martha Gneupel und erwarb das Vegetarierheim 1904.

Während der letzten 100 Jahre hat das Hiltl immer wieder Wandel, Neuerungen und Vergrößerungen erfahren. Aus dem Vegetarierheim wurde »Hiltl's Vegi«. In den 1930er-Jahren war es das erste Restaurant Zürichs mit einer vollelektrischen Großküche. In den 1950er-Jahren revolutionierte die Großmutter von Rolf Hiltl, der das Restaurant heute in vierter Generation leitet, die Küche. Als sie 1952 vom Weltvegetarier-Kongress in Delhi zurückkam, brachte sie Gewürze und Rezepte mit und setzte auf indisches Essen. Die exotischen Speisen kamen damals nicht gut an, heute ist die indische Küche ein fester Bestandteil des Restaurants. Überhaupt ist die Auswahl des Buffets überwältigend – man findet Gerichte aus aller Welt. Kein Wunder, arbeiten im Hiltl doch Menschen aus 50 Nationen. Das Hiltl schaffte es 2012 ins Guinness-Buch der Rekorde.

Anfahrt Vom Hauptbahnhof Zürich sind es zu Fuß nur 500 Meter zum Haus Hiltl in der Sihlstrasse 28. Mit dem Auto über die Gessnerallee.
Weitere Infos www.hiltl.ch

Tipp – Noch mehr Veggie? Tibits!

Als der Businessplan »Vegetarische Fast Food Restaurants« der drei Brüder Christian, Daniel und Reto Frei 1998 beim Venture-Businessplan-Wettbewerb der ETH Zürich und McKinsey gleich zweimal prämiert wurde, startete eine unglaubliche Erfolgsgeschichte. Rolf Hiltl erfuhr in den Medien davon und kontaktierte die Brüder. Die vier setzten sich zusammen und diskutierten eine mögliche Zusammenarbeit. Die Chemie stimmte, und im Jahr 2000 gründeten die Freis und Rolf Hiltl zusammen das Tibits.

Am 6. Dezember 2000 öffnete das erste Tibits-Restaurant in Zürich seine Türen. Heute gibt es das vegetarische/vegane Restaurant dreimal in Zürich, zweimal in Bern, zweimal in Basel, in St. Gallen, Lausanne, Luzern, Winterthur und seit 2019 in Darmstadt auf dem Alnatura Campus. Wie im Hiltls, gibt es im Tibits ein reichhaltiges Buffet mit Einflüssen aus aller Welt.
www.tibits.de

#69 IN VINO VERITAS

DER ÄLTESTE WEINKELLER DEUTSCHLANDS

Stiftungsweingut der Vereinigten Hospitien, Trier, RP • Deutschland   ♦ 49.7568625 | 6.6307945

| SPEKTAKEL ★★★☆☆ | ERREICHBARKEIT ★★★★★ | KOSTEN ★★☆☆☆ | AUFWAND ★☆☆☆☆ |
| FÜR WEN? Weintrinker | HIGHLIGHT Weinprobe | | |

Logisch, dass die älteste Stadt Deutschlands auch über den ältesten Weinkeller verfügt. In dem monumentalen Gewölbe lagerten schon die alten Römer ihren Wein. Noch heute gären hier köstliche Moselweine.

Dass der Keller vor zwei Jahrtausenden mal Teil von zwei Hafenhallen am Moselufer war, sieht man ihm natürlich längst nicht mehr an. Die Römer errichteten die sogenannten »Horrea« um 330 n. Chr. als Magazin und Speicherhaus. Zu jener Zeit war Trier Machtzentrale des weströmischen Reiches und mit 80.000 Einwohnern die größte Stadt nördlich der Alpen. Die Zeit der Römer war vorbei, als Trier 475 in die Hände der Franken fiel. Im 7. Jahrhundert gründete Modesta von Oeren in den Ruinen des römischen Mauerwerks ein Marienkloster, das später in St. Irminen-Oeren umbenannt wurde (Irmina war ihre Nachfolgerin und zweite Äbtissin des Frauenklosters).

Der heutige Weinkeller wurde durch ein monumentales Kreuzgratgewölbe erweitert, das bis heute erhalten ist. Ebenso wie Teile der bis zu acht Meter hohen Mauern aus der Römerzeit sowie der römische Ziegelboden, der den Eingangsbereich schmückt.

Im Juni 1802 wurde das Kloster im Zuge der Säkularisation aufgelöst und zwei Jahre später in ein Krankenhaus umgewandelt. Die Vereinigten Hospitien entstanden, als gemäß den Dekreten Napoleons (1804/1805) die in Trier bestehenden Anstalten und Hospitäler unter eine gemeinsame Verwaltung gestellt wurden. Das ehemalige Klostergebäude dient heute als Alten- und Pflegeheim.

Die Vereinigten Hospitien betreiben ihr eigenes Weingut, das über 25 Hektar Rebflächen verfügt, darunter auch Anlagen im Piesporter Goldtröpfchen. Rieslinge aus dieser Weinlage sind weltweit so bekannt, dass auch Bösewicht »Goldfinger« im gleichnamigen James-Bond-Film es sich nicht nehmen ließ, seinem Gegenspieler 007 ein Piesporter Goldtröpfchen, Jahrgang 1953, zu servieren.

Bitte beachten   In den Weinkeller kann man nicht einfach so hineinspazieren – ohne Voranmeldung ist kein Besuch möglich. Touren durch den Keller inklusive Weinprobe werden mittwochs und freitags um 11 Uhr angeboten.

Anfahrt   Ab Trier Hauptbahnhof mit Bus Nr. 83 zum Nikolaus-Koch-Platz, dann 800 Meter zu Fuß. Mit dem Auto über Kaiserstraße bis B49.

Weitere Infos   www.vereinigtehospitien.de

#70 KAFFEE TRINKEN WIE MOZART

DAS ÄLTESTE KAFFEEHAUS ÖSTERREICHS

Tomaselli, Salzburg • Österreich   47.7992345 | 13.0448653

SPEKTAKEL ★★★☆☆   **ERREICHBARKEIT** ★★★★★   **KOSTEN** ★★☆☆☆   **AUFWAND** ★☆☆☆☆
FÜR WEN? Kaffee-Nerds   **HIGHLIGHT** Einspänner und Melange

Vom Kaffeeausschank zur Salzburger Institution. Das Café Tomaselli blickt auf eine lange Geschichte zurück.

Die Geschichte des Cafés reicht bis ins Jahr 1700 zurück. Allerdings befand es sich damals in der Goldgasse, nannte sich »Cafégewölb Fontaine« und war bei seiner Eröffnung der allererste »Kaffeeausschank« Salzburgs und bald beliebter Studententreff. Im Jahr 1753 erwarb Anton Staiger, Hofmeister des damaligen Salzburger Erzbischofs, das Café, das mittlerweile »Engelhart'sches Cafegewölb« hieß. Als ihm das Gewölb zu eng wurde, erwarb er das Haus, in dem sich das heutige Tomaselli befindet, und eröffnete das Café neu unter dem Namen »Staiger«.

Binnen kurzer Zeit war das Kaffeehaus frequentierter Treffpunkt des gehobenen Bürgertums. Auch Mozart zählte zu den Gästen. Diese kamen allerdings nicht nur zum Kaffeetrinken, sondern auch, um eine Partie Billard zu spielen. Das »Staiger« war einer der wenigen Orte in Salzburg mit einem öffentlich zugänglichen Billardtisch.

Das Kaffeehaus blieb in der Familie Staiger, bis diese es 1852 an den Zuckerbäcker Carl Tomaselli verkaufte. Dieser vergrößerte es und machte es zu dem, was es bis heute ist.

Nach dem Zweiten Weltkrieg war es allerdings erst mal vorbei mit dem Kaffeehausflair. Die Amerikaner beschlagnahmten das Tomaselli und betrieben es unter dem Namen »42nd Street Café« als Coffee-Shop. 1950 erhielt die Familie Tomaselli das Café zurück, das heute in der fünften Generation betrieben wird.

Berühmtheiten wie Hugo von Hofmannsthal, Max Reinhard und Herbert von Karajan gingen hier ebenso ein und aus wie heute Salzburger Stammgäste, Künstler, Schauspieler, Studenten, Opernstars und Touristen aus allen Teilen der Welt.

Anreise Ab Salzburg Hauptbahnhof mit Obus 3 oder 6 bis »Rathaus«, dann 170 Meter Fußweg bis zum Café Tomaselli, Alter Markt 6. Mit dem Auto über Schwarzstraße bis Rudolfskai.
Weitere Infos www.tomaselli.at

#71 SCHLEMMEN IM HISTORISCHEN GEMÄUER

DAS ÄLTESTE RESTAURANT EUROPAS

St. Peter Stiftskulinarium, Salzburg • Österreich 📍 47.7970354 | 13.0442094

| SPEKTAKEL ★★★☆☆ | ERREICHBARKEIT ★★★★★ | KOSTEN ★★★☆☆ | AUFWAND ★☆☆☆☆ |
| FÜR WEN? Gourmets | HIGHLIGHT Mozart Dinner | | |

Vielleicht ist das Salzburger Restaurant sogar das älteste der Welt. Denn rund um den Globus gibt es wohl keine zweite Speisestätte, die nicht nur über 1.200 Jahre alt ist, sondern auch seit ihrer Eröffnung Gäste in derselben Location bewirtet.

Urkundlich erwähnt wurde der damalige St. Peter Stiftskeller in der Klosteranlage der Benediktiner-Erzabtei St. Peter erstmals im Jahr 803 von Alkuin von York, einem Gefolgsmann Karl des Großen. Ob die Gaststätte des Stifts zu jener Zeit seine Pforten öffnete oder schon bestand, ist nicht bekannt. Auch nicht, ob die Gäste ausschließlich die Äbte und Mönche des Stifts und durchreisende Ordensbrüder waren. Es ist jedoch fast anzunehmen, da erst ab 1720 auch Adel, Bürgertum und Klerus einkehrten.

Im Jahrhundert darauf erwarb der Stiftkeller 1803 die »Biergerechtigkeit« und durfte nun statt ausschließlich Wein auch Bier ausschenken. Von 1902 bis 1903 wurde die historische Speisestätte renoviert, ausgebaut und um einiges vergrößert. Ende des 20. Jahrhunderts, 1992, verpachtete das Kloster die Gaststätte an den Gastronom Claus Haslauer – der erste Pachtvertrag in der langen Geschichte des Stiftkellers. Das Restaurant, das über elf unterschiedlich gestaltete Räume verfügt, wurde 2017 in »St. Peter Stiftskulinarium« umbenannt und mit zwei Gault-Millau-Hauben ausgezeichnet. Eines der Highlights ist das Mozart-Dinner, eine kulinarische Reise in die Zeit des Barocks, begleitet von der Musik des berühmten Salzburgers.

Anreise Ab Hauptbahnhof Salzburg mit Obus 5 oder 6 bis Haltestelle Marktplatz, dann rund 800 Meter zu Fuß bis zum Restaurant, St. Peter Bezirk 1 / 4, direkt neben der Kirche zu St. Peter. Mit dem Auto über Schwarzstraße. Parkmöglichkeiten gibt es in der Altstadtgarage Mitte (Mönchsberg), Tiefgarage A und B, Ausgang Toscaninihof oder Festspielhäuser.
Weitere Infos www.stpeter.at

#72 DER LETZTE BLICK AUF DIE WELT

DER GRÖSSTE HISTORISCHE GALGEN DEUTSCHLANDS

Beerfelder Galgen, Oberzent, Hessen • Deutschland 📍 49.5719719 | 8.9645109

SPEKTAKEL ★★★★☆ **ERREICHBARKEIT** ★★★★☆ **KOSTEN** ★☆☆☆☆ **AUFWAND** ★☆☆☆☆
FÜR WEN? Mittelalterbegeisterte **HIGHLIGHT** Grandiose Aussicht

Es war schon fies, den Galgen mit vollem Blick auf die Schönheit des Tals zu errichten. Wollte man die Missetäter im Angesicht des Todes noch einmal so richtig spüren lassen, dass sie die schöne Welt nun für immer verließen?

Der schaurig schöne Galgen aus dem Jahr 1597 besteht aus drei fünf Meter hohen Rotsandsteinsäulen, auf denen in Dreiecksform Querbalken liegen. So konnten gleichzeitig mehrere Delinquenten gehängt werden. Wie viele Menschen an dem »dreischläfrigen« Galgen im Laufe der Jahrhunderte starben, ist nicht bekannt, da beim Beerfelder Stadtbrand 1810 sämtliche Gerichtsakten den Flammen zum Opfer fielen. Lediglich in den erhaltenen Kirchenbüchern ist eine einzige Hinrichtung dokumentiert. Ein gewisser Johann Adam Beisel aus Unter-Sensbach wurde 1746 wegen Diebstahls und Ehebruchs zum Tode am Galgen verurteilt. Auf einer Bronzetafel in einem Stein beim Galgen erfährt man, dass die letzte hingerichtete Person eine »Zigeunerin« war, die ein Huhn und zwei Laib Brot gestohlen hatte. Das war im Jahr 1804. Urkundlich belegt ist das allerdings nicht. Gehängt wurden damals nur Kleinkriminelle. Mörder und Schwerverbrecher wurden enthauptet, im Mittelalter gerne auch aufs Rad geflochten und gerädert.

Der Beerfelder Galgen ist von alten Linden umgeben und mit Stellsteinen eingegrenzt. Der Blick im Frühjahr und Sommer hinunter ins Tal und ringsum einfach wunderschön. Am Steinkreuz unter der Linde beim Galgen konnten die zum Tode Verurteilten ihre Beichte ablegen und die Sterbesakramente empfangen. »Dem Galgen galt ihr Augenmerk, doch ist es sicherlich verkehrt, nun schnell ins Auto einzusteigen und in die Ferne zu enteilen« steht in Stein gemeißelt beim Galgen.

Anreise Zum Beispiel ab Bahnhof Eberbach/Neckar mit Bus-Linie 50 bis Beerfelden Bahnhof, Oberzent. Von dort aus sind es zu Fuß 12–15 Minuten zum Galgen in der Airlenbacher Straße.
Weitere Infos www.stadt-oberzent.de

#73 ES FUNKELT UND GLITZERT

DIE GRÖSSTE HOCHZEITSTORTE AUS TROPFSTEIN

Buchen-Eberstadt, Baden-Württemberg • Deutschland 📍 49.4812634 | 9.3476117

SPEKTAKEL ★★★★☆ **ERREICHBARKEIT** ★★★★☆ **KOSTEN** ★★☆☆☆ **AUFWAND** ★★☆☆☆
FÜR WEN? Glitzer-Fans **HIGHLIGHT** Unzählige Tropfsteingebilde

Die Hochzeitstorte in der Eberstadter Tropfsteinhöhle ist zwar nicht genießbar, die unzähligen Tropfsteine in allen Formen und Facetten sind jedoch ein Fest für die Augen.

Der gewaltige Tropfstein, der in Form einer mehrstöckigen Torte fast bis zur Decke reicht, ist die größte Attraktion der Höhle. Bis das gigantische Gebilde die Form einer Hochzeitstorte hatte, von der an den Seiten dekorativ Zuckerguss herunterläuft, sind garantiert mehrere Tausend, wenn nicht gar eine Million Jahre vergangen – zieht man in Betracht, dass das Wachstum für einen Kubikzentimeter Tropfstein etwa hundert Jahre dauert und die Höhle auf ein bis zwei Millionen Jahre geschätzt wird.

Dass sie überhaupt entdeckt wurde, ist allein dem Zufall zu verdanken. Als sich im Dezember 1971 bei routinemäßigen Sprengungen im örtlichen Muschelkalksteinbruch an einer Wand ein etwa ein Meter hoher und zwei Meter breiter Spalt öffnete, offenbarte sich der Zugang zu einer Millionen Jahre alten Welt, in der es glitzert und funkelt. In den folgenden zwei Jahren wurde die Höhle für den Publikumsverkehr erschlossen.

Der begehbare Teil der Tropfsteinhöhle schlängelt sich rund 600 Meter durch Muschelkalkformationen und verläuft bis zu 30 Meter unter der Erde. Die Deckenhöhe schwankt zwischen zweieinhalb und acht Metern, an manchen Stellen ist sie allerdings sehr niedrig. Dem Auge bieten sich auf engem Raum bieten unzählige Tropfsteine in allen Formen und Facetten, die zur Fantasie anregen. Einige Tropfsteine wurden, wie die Hochzeitstorte, mit Namen versehen. So die »Weiße Frau von Eberstadt«, ein nach einer gleichnamigen Sage benannter Tropfstein in Frauengestalt, der Elefantenrüssel, die Höhlenorgel, der Nikolaus, das Schweinchen, der Vesuv und der Haifischrachen.

Anfahrt Ab Bahnhof Buchen mit Bus-Linie 848 zur Tropfsteinhöhle, mit dem Auto via L582.
Weitere Infos www.tropfsteinhoehle.eu

#74 AUSFLUG INS MITELALTER

DIE LÄNGSTE BURG DER WELT

Burghausen, Bayern • Deutschland 48.1561791 | 12.829111

SPEKTAKEL ★★★☆☆ **ERREICHBARKEIT** ★★★★☆ **KOSTEN** ★★☆☆☆ **AUFWAND** ★☆☆☆☆
FÜR WEN? Burgenfans **HIGHLIGHT** Aussichtsplattform

Laut Guinness-Buch der Rekorde gibt es weltweit keine längere Burg als jene zu Burghausen. Die muss man gesehen haben!

Über einen Kilometer, exakt 1.051 Meter, erstreckt sich die Burg zu Burghausen auf einem langgezogenen Bergrücken oberhalb der Altstadt des gleichnamigen Städtchens im nordöstlichen oberbayerischen Voralpenland. Im 11. und 12. Jahrhundert ein kleines Reichsgut der Grafen zu Burghausen, fiel die Burg an die Wittelsbacher, die sie in den nachfolgenden drei Jahrhunderten ausbauten. Den letzten Schliff verpasste Georg »der Reiche« von Bayern-Landshut der Burg und machte sie durch massive Erweiterungen und Umbauten zu dem, was sie heute ist. Mit fünf Burghöfen, drei Museen, Kapellen und den herzoglichen Wohnräumen gibt es auf der weltlängsten Burg allerhand zu sehen. Ganz zu schweigen von dem grandiosen 360°-Blick von der Aussichtsplattform auf dem Dach des Palas.

Im Palas befindet sich auch die Staatsgalerie Burghausen mit prächtigen Gemälden aus dem 15.–17. Jahrhundert. Die einstigen Frauengemächer (Kemenate) in der Hauptburg beherbergen heute das Stadtmuseum Burgenhausen, das sich nicht nur der Stadtgeschichte widmet, sondern auch dem Leben auf der Burg im Mittelalter. Im Rentmeisterstock im fünften Vorhof der Burg ist das Haus der Fotografie (Dr. Robert-Gerlich-Museum) untergebracht, das neben historischen Aufnahmen zur Stadtgeschichte über eine Kamerasammlung von über 600 Apparaten aus allen Epochen der Fotografie zeigt und über eine Galerie für zeitgenössische Fotografie verfügt. Im alten Schergenturm der Burg befindet sich ein Foltermuseum mit Daumenschrauben, Henkerbeil, Stachelstuhl und anderen grausamen mittelalterlichen Geräten. Die letzte Hinrichtung auf der Burg fand 1831 statt.

Anfahrt Burghausen liegt ca. 110 Kilometer östlich von München und 50 Kilometer nördlich von Salzburg. Mit ÖPNV ab Bahnhof Burghausen City-Bus (Fahrpläne unter www.burghausen.de), zu Fuß ab Bahnhof 2,3 Kilometer. Mit dem Auto ab München via A94.
Weitere Infos www.burg-burghausen.de

#75 STREIFZUG DURCH ALTES EISEN

DAS ERSTE UNESCO-WELTERBE-INDUSTRIEDENKMAL (AUS DEM ZEITALTER DER INDUSTRIALISIERUNG)

Völklinger Hütte, Völklingen, Saarland • Deutschland   49.2483468 | 6.8444747

SPEKTAKEL ★★★★☆   **ERREICHBARKEIT** ★★★★★   **KOSTEN** ★★☆☆☆   **AUFWAND** ★☆☆☆☆
FÜR WEN? Fans von Industriegeschichte   **HIGHLIGHT** Zwischen Hochöfen klettern

Das ehemalige Eisenwerk, aus dessen Schornsteinen es über 100 Jahre lang kräftig rauchte, hat sich seit seiner Stilllegung in einen Kulturtempel und phänomenalen Abenteuerspielplatz verwandelt.

Nirgendwo ist der Blick über die gigantische Industrieanlage grandioser als auf der Aussichtsplattform in 45 Metern Höhe über den Hochöfen, zu der steile Stege hinaufführen. Man weiß gar nicht, wo man mit der Besichtigung beginnen soll. Als Einstieg geeignet ist das Science Center »Ferrodrom«, das auf eine Zeitreise in die Welt von Eisens und Stahl entführt und über die harte Arbeit und den Alltag der ehemaligen Hüttenarbeiter informiert. Interessierten wird an 100 Experimentier- und Mitmachstationen die Möglichkeit geboten, den Prozess der Eisengewinnung selbst zu erleben.

Zu den weiteren Highlights zählen die sechs monumentalen Hochöfen, die Sinteranlage, einst eine der größten Europas, das einstige Rohstofflager »Möllerhalle« mit begehbaren Silotaschen, heute Schauplatz der weltweit bekannten »Urban Art Biennale«, und die Gebläsehalle, in der früher gewaltige Maschinen den Wind erzeugten, der erhitzt und in die Hochöfen geleitet wurde. Diese ist heute Ort hochkarätiger Ausstellungen.

Der erste Hochofen in der Völklinger Hütte wurde 1883 in Betrieb genommen. Damals hieß das Unternehmen »Röchling'sche Eisen- und Stahlwerke«, benannt nach ihrem Gründer Carl Röchling. Bereits sieben Jahre später war die Firma der größte Eisenträgerproduzent Deutschlands mit den weltweit meisten Patenten im Eisen- und Stahlbereich. 1986 wurde die Hütte stillgelegt, 1994 von der UNESCO zum Weltkulturerbe ernannt. Heute ist sie weltweit das einzige noch erhaltene Eisenwerk aus dem 19. Jahrhundert.

Anfahrt Ab Hauptbahnhof Saarbrücken mit RE1 nach Völklingen (7 Minuten), dann 240 Meter zu Fuß bis zur Völklinger Hütte. Mit dem Auto via A620.
Weitere Infos www.voelklinger-huette.org

#76 SCHLAFEN WIE KÖNIGS UND KAISERS

DIE ÄLTESTE FÜRSTENHERBERGE DEUTSCHLANDS

Hotel zum Riesen, Miltenberg, Bayern • Deutschland 49.7002047 | 9.2559385

SPEKTAKEL ★★★☆☆ **ERREICHBARKEIT** ★★★★☆ **KOSTEN** ★★★☆☆ **AUFWAND** ★☆☆☆☆
FÜR WEN? Zeitreisende **HIGHLIGHT** Fürstlicher Schlafgenuss

In dem schmucken Fachwerkhaus gaben sich gekrönte Häupter, Politiker, Künstler und andere illustre Persönlichkeiten die Klinke in die Hand. Auch Elvis Presley war mal hier.

Hier nächtigten Kaiser »Barbarossa« Friedrich I., Martin Luther, Götz von Berlichingen, der böhmische Feldherr Wallenstein, Kaiserin Maria Theresia, Albrecht Dürer, Richard Strauss und zahlreiche weitere VIPs aus Adel, Kunst, Politik, Wirtschaft und Wissenschaft. Die Gästeliste liest sich wie das Who's Who vergangener Zeiten. Ach ja, und Elvis war auch mal hier. Nicht als King of Rock'n Roll, sondern als Soldat während seiner Militärzeit in »Good old Germany« (1958–1960).

Wann das angeschlossene Gasthaus »Zum Riesen« entstand, ist nicht bekannt, erstmals urkundlich erwähnt wurde es 1158. Das Städtchen Miltenberg gab es damals noch nicht. Das Gebiet am Mainknie zwischen Odenwald und Spessart muss allerdings strategisch wichtig gewesen sein, denn sonst wäre hier kein Gasthaus entstanden, das bald zum Hotspot durchreisender gekrönter Häupter, Bischöfe und Generäle avancierte.

Erster Kaiser im »Riesen« war Barbarossa im Jahr 1158, der zehn Jahre später nochmals im Gasthaus nächtigte. Es sollten allerdings eineinhalb Jahrhunderte vergehen, bis der zweite Kaiser (Ludwig der Bayer) hier Station machte. Richtung Schwung in die Sache kam ab dem 15. Jahrhundert; von nun an zählten zahlreiche gekrönte und ungekrönte Häupter auf der Durchreise zu den Gästen. Wer das Gasthaus erbaute und wie es ursprünglich aussah, ist nicht bekannt, der heutige Renaissance-Fachwerkbau stammt aus dem Jahr 1590.

In den Jahrhunderten seit seiner Gründung hat der Riese unzählige Besitzerwechsel erlebt. Heute befindet sich das prächtige Fachwerkgebäude in Privatbesitz. Bei einer Übernachtung im Fürstenzimmer oder der Kaisersuite taucht man in die Atmosphäre längst vergangener Zeiten ein.

Anfahrt Ab Miltenberg Bahnhof mit dem Bus ins Zentrum, zu Fuß über die Brücke ist es aber schöner (ca. 14 Minuten). Mit dem Auto über Miltenberger Straße.
Weitere Infos
www.hotel-riesen-miltenberg.de

#77 DIE KINNLADE DES HOMO HEIDELBERGENSIS

DER ÄLTESTE UNTERKIEFER DEUTSCHLANDS

Heidelberg, Baden-Württemberg • Deutschland ⟡ 49.4190747 | 8.6743865

SPEKTAKEL ★★☆☆☆ **ERREICHBARKEIT** ★★★★★ **KOSTEN** ★★☆☆☆ **AUFWAND** ★☆☆☆☆
FÜR WEN? Knochenjäger **HIGHLIGHT** Der Blick auf den Kiefer

Wie der Fund eines kinnlosen Unterkiefers in einer Sandgrube bei Heidelberg Geschichte schrieb.

Sein geschätztes Alter von über 600.000 Jahren sieht man dem gut erhaltenen Unterkiefer mit kompletter Zahnreihe nicht an. Als der Tagelöhner Daniel Hartmann beim Schippen in einer Sandgrube in Mauer bei Heidelberg im Oktober 1907 den klobigen Kiefer fand, wusste er nicht, dass er einen Sensationsfund gemacht hatte. Wohl aber, dass er etwas Ungewöhnliches auf der Schippe hatte, das sehr alt sein musste, denn am Abend verkündete er in seiner Stammkneipe: »Heit hab isch de Adam gfunne!« – »Heute habe ich den Adam gefunden!«.

Die Neuigkeit um den Fund machte die Runde, und schon am nächsten Tag hatte ihn der Anthropologe und Paläontologe Professor Otto Schoetensack, damals Dozent an der Universität Heidelberg, zu Forschungszwecken auf dem Tisch. Aufgrund der Nähe zur Fundstelle benannte er den Unterkiefer »Homo heidelbergensis« (Heidelbergmensch). In seinem Buch Der Unterkiefer des Homo heidelbergensis aus den Sanden von Mauer bei Heidelberg beschrieb er den Kiefer 1908 als »präneandertaloid« – also aus einer Zeit vor den Neandertalern stammend.

Der Heidelbergmensch, aus dessen Mund der Kiefer stammt, gilt als letzter gemeinsamer Vorfahr des Neandertalers und Homo sapiens. Heute lagert der wohl berühmteste Unterkiefer der Welt in einem Tresor des Heidelberger Instituts für Geowissenschaften. Hinter Glas ist eine detailgenaue Kopie ausgestellt, auf Anfrage und bei Führungen zum Thema wird das Original aber schon mal aus seinem sicheren Versteck geholt.

Anfahrt Ab Hauptbahnhof Heidelberg mit Straßenbahn Nr. 24 und 21 bis Haltestelle »Technologiepark«, zum Museum des Instituts für Geowissenschaften »Im Neuenheimer Feld 235« sind es dann noch vier Minuten zu Fuß. Mit dem Auto über Berliner Straße.
Weitere Infos www.geow.uni-heidelberg.de/einrichtungen/museum

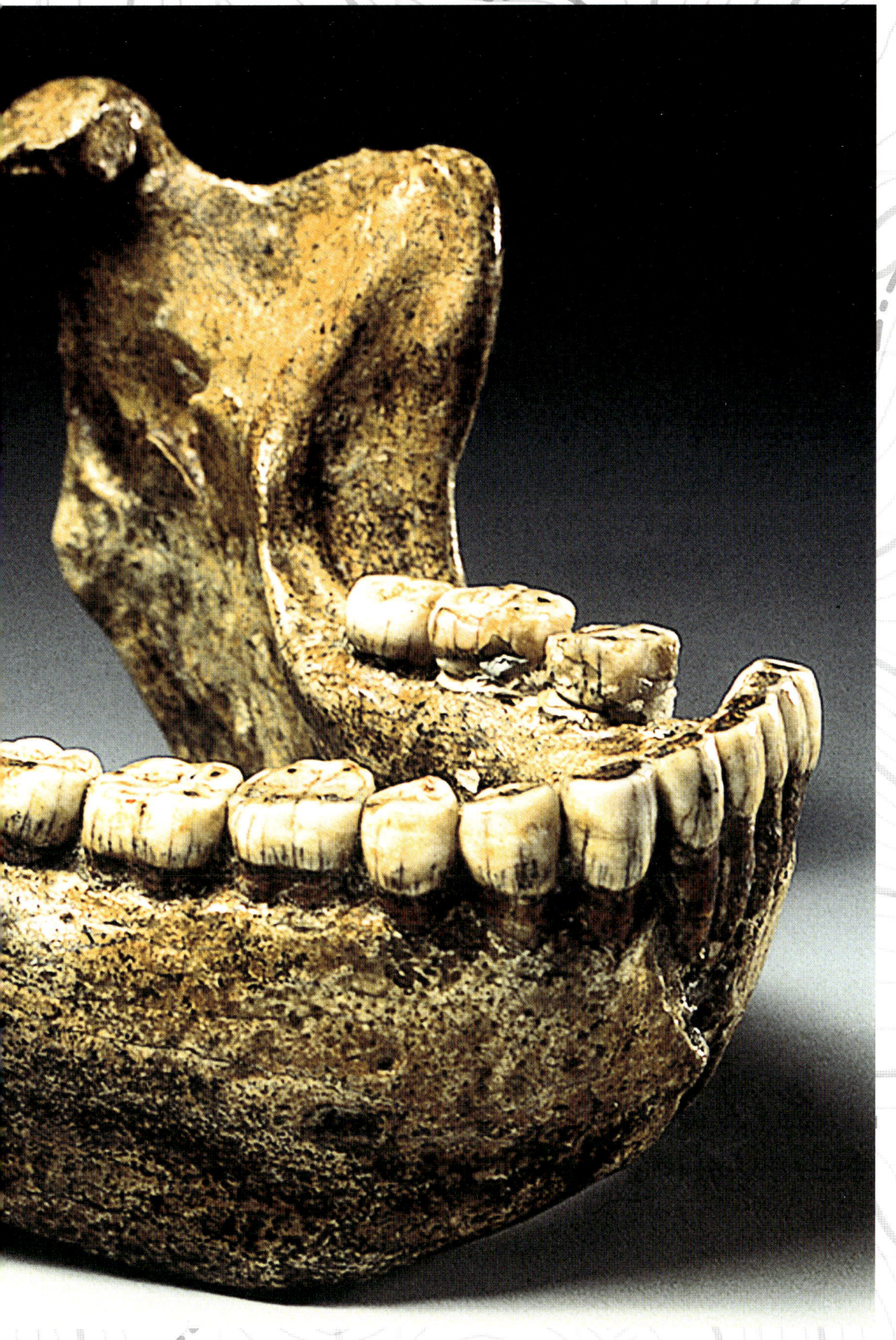

#78 IM HOTEL FILME SCHAUEN

DAS ÄLTESTE KINO EUROPAS

Mozartkino, Salzburg • Österreich   📍 47.7970042 | 13.0492911

SPEKTAKEL ★★★☆☆   **ERREICHBARKEIT** ★★★★★   **KOSTEN** ★★☆☆☆   **AUFWAND** ★☆☆☆☆
FÜR WEN? Cineasten   **HIGHLIGHT** Die Lage im Hotel

Über die Leinwände des Kinos im Salzburger Hotel Kasererbraeu flimmern schon seit fast 120 Jahren Filme. Es ist damit nicht nur das älteste Lichtspielhaus Europas, sondern auch eines der weltweit ältesten.

Der erfolgreichste Film in der Geschichte des Mozartkinos war das Drama Der Pfarrer vom Kirchfeld im Jahr 1937, der 55.000 Besucher in das Lichtspielhaus im Altstadthotel Kasererbraeu zog. Gleich danach: der Sissi-Film, den sich 50.000 Salzburger ansahen. Bei der Premiere 1956 in Salzburg war Romy Schneider selbst anwesend und übernachtete in Zimmer 323 des Hotels.

Der erste Film, den das Salzburger Lichtspielhauspublikum im Jahr 1905 sah, waren »bewegte« Bilder auf einem Kinematographen. Das Kino wurde 1918 in den Betrieb des Altstadthotels Kasererbraeu integriert – der erste Film, der dort über die Leinwand flimmerte, war das Stummfilmdrama Katharina Karaschkin.

Bei einem Luftangriff der Amerikaner im Oktober 1944 wurde das Mozartkino zerstört, später mit 540 Besucherplätzen wieder aufgebaut und im Dezember 1950 mit dem Zarah-Leander-Film Gabriele wiedereröffnet.

Während eines umfassenden Umbaus im Jahr 1987 stieß man im Kino auf Überreste historischer Mauern eines Römertempels aus dem 2. Jahrhundert n. Chr. Diese befinden sich neben der Leinwand des Römersaals, was das Kino umso einzigartiger macht. Wo in der Welt stehen sonst in einem Kinosaal Überreste einer fast 2.000 Jahre alten Römermauer?

Bei einem erneuten Umbau 2007/2008 wurden Kino und Hoteleingang zusammengelegt. Der Empfangsbereich ist nun Hotelrezeption, Kinokartenverkauf und Bar in einem.

Anfahrt Ab Hauptbahnhof Salzburg mit Obus-Linie 3, 5 oder 6 bis »Mozartsteg«, dann 350 Meter zu Fuß bis zum Kino in der Kaigasse 33. Mit dem Auto über Schwarzstraße.

#79 MYTHEN AUF DER SPUR

DER SAGENREICHSTE BERG DER ALPEN

Grödig, Salzburg • Österreich 47.7258346 | 13.0422628 (Talstation Untersbergbahn)

SPEKTAKEL ★★★ **ERREICHBARKEIT** ★★★★★ **KOSTEN** ★★ **AUFWAND** ★★
FÜR WEN? Fans von Sagen **HIGHLIGHT** Der Blick vom Gipfel

Kaiser, Riesen, Zwerge und die wilden Frauen sollen im Schattenreich des Untersbergs hausen. Auch von unermesslichen Schätzen und einem Zeitloch ist die Rede. Es gibt keinen Berg in den Alpen, der sagenumwobener ist.

Schlafend wartet Karl der Große umgeben von seinem Hofstaat in den Tiefen des Untersbergs auf seine Auferstehung. Alle hundert Jahre wacht er auf und schickt einen Knappen hinaus, der die Raben zählen soll, die um den Berg fliegen. Sind es 24 an der Zahl, zieht der Kaiser in die Schlacht. Sind es weniger, schläft er ein weiteres Jahrhundert. So eine Sage.

Einer anderen Version nach ist es nicht Karl der Große, der im Untersberg auf seine Auferstehung wartet, sondern Kaiser Friedrich Barbarossa, dessen Bart dabei um einen runden Tisch herumwächst. Sobald der Bartwuchs dreimal den Tisch umrundet hat, beginnt das Ende der Welt.

Weitere Bergbewohner sind die Untersberger Zwerge, die in Höhlen und Klüften hausen, ihre Schätze aus dem Bergbau hüten und vermehren und sich von Menschen fernhalten. Weniger menschenscheu sind die elfenähnlichen Wildfrauen, die gerne Kinder stehlen.

Abgesehen von den alten Sagen soll der Untersbergs ein Wunderberg sein, auf dem besondere Naturkräfte herrschen. So gibt es Sagen um ein Zeitloch, das Menschen verschluckt und Jahre später wieder ausgespuckt haben soll. Vielen gilt der Berg als Kraftort, der Inspiration, Ruhe und Trost spendet. Bei seinem Salzburg-Besuch 1992 bezeichnete der Dalai Lama den Untersberg als ein »Herzchakra der Erde«.

Anfahrt An Hauptbahnhof Salzburg mit Obus-Linie 5 bis Haltestelle »Grödig Untersbergbahn« (32 Minuten), dann mit der Seilbahn in knapp neun Minuten zur Bergstation »Geiereck« auf 1.776 Meter. Mit dem Auto via A1 oder B150 zur Untersbergbahn in Grödig. Parkplätze sind vorhanden.
Weitere Infos   www.untersbergbahn.at

Lust auf die Untersbergsagen? Dann lohnt sich das Buch Im Schattenreich des Untersberges von Christian F. Uhlir (120 Seiten).

#80 EISENBAHNNOSTALGIE

DER ÄLTESTE NOCH AKTIVE BAHNHOF KONTINENTALEUROPAS

Gmunden-Engelhof, Salzkammergut • Österreich 📍 47.92357 | 13.819184

SPEKTAKEL ★★☆☆☆ **ERREICHBARKEIT** ★★★☆☆ **KOSTEN** ★☆☆☆☆ **AUFWAND** ★☆☆☆☆
FÜR WEN? Eisenbahnbegeisterte **HIGHLIGHT** Das Museum

Ob die Bahnstation Engelhof tatsächlich der älteste Bahnhof des Kontinents ist, ist umstritten, denn auch Bujanov in Tschechien beharrt auf den Titel.

Als in England im Jahr 1825 die erste Dampflok Passagiere zwischen zwei Städten hin- und herkutschierte, gab es in Kontinentaleuropa noch nicht einmal die Pferdeeisenbahn. Die erste Eisenbahnfernstrecke des europäischen Festlandes, Budweis–Linz–Gmunden, entstand abschnittsweise zwischen 1827 und 1836. Statt Lokomotiven zogen Pferde Kutschen und Wagengespanne auf hölzernen, mit Flacheisen belegten Schienen. Die 1834 gebaute Bahnstation Engelhof wurde zwischen 1836 und 1855 von der Strecke Budweis–Linz–Gmunden für Personen-, Fracht- und Salztransporte genutzt. Auch nachdem die erste Dampfeisenbahnstrecke Österreichs (Florisdorf–Deutsch-Wagram) im November 1837 eröffnet wurde, sollte es noch fast zwei Jahrzehnte dauern, bis auch die Strecke Budweis–Linz–Gmunden auf Dampfbetrieb umgestellt wurde.

Als es nach 1855 soweit war, nutzte die heute nicht mehr existierende Linie Gmunden–Laakirchen–Lambach den Bahnhof Engelhof.

Heute ist die Bahnstation, die zweieinhalb Kilometer außerhalb des Gmundner Stadtkerns liegt, Hauptbahnhof der Traunseebahn Gmunden-Vorchdorf.

Im denkmalgeschützten Bahnhofsgebäude befindet sich ein kleines Museum, das über die einstige Pferdeeisenbahn informiert. Dort informiert auch ein etwas unscheinbarer Zettel darüber, dass die Bahnstation Engelhof der älteste Bahnhof des Europäischen Kontinents ist, der bis heute dem regulären Eisenbahnbetrieb dient. Zugegeben, der Bahnhof im tschechischen Bujanov ist zwei Jahre älter, wird aber längst nicht mehr als Bahnhof genutzt.

Anfahrt Ab Gmunden Bahnhof mit der Regionalbahn zur Station »Engelhof«. Mit dem Auto über Bahnhofstraße und Österreichische Romantikstraße.
Weitere Infos www.gmunden.at

#81 LESESPASS OHNE ENDE

DIE ÄLTESTE BUCHHANDLUNG ÖSTERREICHS

Salzburg • Österreich   47.7992391 | 13.04407

SPEKTAKEL ★★☆☆☆   **ERREICHBARKEIT** ★★★★★   **KOSTEN** ★☆☆☆☆   **AUFWAND** ★☆☆☆☆
FÜR WEN? Leseratten   **HIGHLIGHT** Die Buchauswahl

Mit über 420 Jahren ist die »Höllrigl« nicht nur der älteste Buchladen des Landes, sondern auch der zweitälteste im deutschsprachigen Raum. Älter ist nur »Korn und Berg« in Nürnberg – die Buchhandlung wurde bereits 1531 gegründet.

Als die Buchhandlung im Ritzerbogen-Haus in der Sigmund-Haffner-Gasse in Salzburg eröffnete, hatte Galileo Galilei 700 Kilometer weiter südlich gerade die »Goldene Regel der Mechanik« formuliert. Das Haus aus dem späten 13. Jahrhundert hieß noch anders, die um 1140 angelegte Gasse ebenso – und die Buchhandlung sowieso. Laut Website derselben befindet sich die Buchhandlung seit 1594 in dem Gebäude. Gegründet wurde sie von Konrad Kürners als »Kürners Hof-Buchdrucker«. Kürner war seit 1592 erzbischöflicher Hof- und Kammer-Buchdrucker.

Wenige Jahrzehnte später änderte sein Sohn den Namen in »Kürners Hof- und akademische Buchhandlung«. In den folgenden Jahrhunderten wechselte der Name fast ebenso oft wie die Eigentümer. 1901 erwarb der gebürtige Südtiroler Eduard Höllrigl den Buchladen. Der gelernte Buchhändler war bereits seit mehreren Jahren als Mitarbeiter in der Buchhandlung tätig gewesen. Chef war er nicht lange, denn schon im Jahr darauf verstarb er ganz unerwartet im Alter von 40 Jahren. Auch wenn er den Buchladen nur kurz besaß, so wurde dieser nun unter seinem Namen von seinem Schwager Adolf Stierle und dessen Geschäftspartner Otto Spinnhirn fortgeführt.

Heute findet man auf zwei Etagen alles, was das Bücherherz begehrt. Von Belletristik über Kinder- und Jugendliteratur bis hin zu Geschichte, Naturwissenschaften, Politik sowie Sprach- und Reiseliteratur. Im Keller befindet sich Salzburgs einzige Fantasy- und Comic-Abteilung.

Anfahrt Ab Hauptbahnhof Salzburg mit Obus-Linie 5 bis Haltestelle »Salzburg Rathaus«, dann 218 Meter zu Fuß zur Buchhandlung in der Sigmund-Haffner-Gasse 10. Mit dem Auto über die Schwarzstraße.
Weitere Infos
www.buchhandlung-frick.at/filialen/buchhandlung-hoellrigl

#82 FENSTER ZUR URZEIT

DAS ÄLTESTE WELTNATURERBE DEUTSCHLANDS

Messel, Hessen • Deutschland 49.9139818 | 8.7547419

SPEKTAKEL ★★★☆☆ **ERREICHBARKEIT** ★★★★★ **KOSTEN** ★★☆☆☆ **AUFWAND** ★☆☆☆☆
FÜR WEN? Fossilienjäger **HIGHLIGHT** Grubentour

Der Abstieg in die Grube Messel entführt in eine spannende Zeitreise und dokumentiert die Entwicklungsgeschichte der Erde vor 48 Millionen Jahren.

Zigtausende Fossilien von mehr als 1.000 verschiedenen Tier- und Pflanzenarten wurden bisher geborgen und jährlich kommen etwa 3.000 neue Funde hinzu. Zu den Stars unter den Funden gehören vier 47 Millionen alte Pythons, Urpferdchen mit Mageninhalt und Föten, ein komplett erhaltenes Krokodil-Fossil von ca. 1,50 Meter Länge, das Uräffchen Ida und ein Riesennager, der einem gigantischen Eichhörnchen ähnelt. Bei einer Grubenführung darf man an einer Grabungsstelle selbst nach Fossilien suchen. Mitgenommen dürfen die Fundstücke allerdings nicht, da sie der Nachwelt erhalten bleiben sollen.

Entstanden ist die Grube Messel vor 48 Millionen Jahren durch einen Vulkanausbruch. Der dadurch entstandene Krater füllte sich mit Grund- und Niederschlagswasser und bildete einen Maarsee, in dem sich Sedimente ablagerten. Unter ihnen der bituminöse Tonstein, heute als Messeler Ölschiefer bekannt. In den tieferen Schichten des Stillgewässers kam es zu Sauerstoffmangel, was die Zersetzung von Tierkadavern, die in den See fielen, verhinderte und deren Überreste im Laufe der Jahrmillionen zu Fossilien werden ließ.

Beim Abbau von Erz stieß man auf Ölschiefer und 1876 auf ein mehrere Millionen Jahre altes Alligatorenskelett. Beim Ölschieferabbau kamen weitere Fossilien kamen zum Vorschein. Als der industrielle Abbau Anfang der 1970er-Jahre zum Erliegen kam, wurde das Areal für die Öffentlichkeit gesperrt. 1975 begann das Forschungsinstitut Senckenberg mit regelmäßigen Grabungen. Dank zahlreicher spektakulärer Funde stieg die Grube zu einer Fossillagerstätte von Weltrang auf und wurde Ende 1995 als erste Naturstätte in Deutschland zum UNESCO-Weltnaturerbe erklärt.

Anfahrt Ab Darmstadt Hauptbahnhof mit Bus FU bis Haltestelle »Grube Messel Besucherzentrum« (25 Minuten), mit dem Auto via B26 und Dieburger Straße.
Weitere Infos www.grube-messel.de.

#83 SCHATZTRUHE DER DEUTSCHEN KASIER

DAS ÄLTESTE INDUSTRIEBAUWERK DEUTSCHLANDS

Goslar, Niedersachsen • Deutschland 📍 51.890494 | 10.41888

SPEKTAKEL ★★★☆☆ **ERREICHBARKEIT** ★★★★★ **KOSTEN** ★★☆☆☆ **AUFWAND** ★☆☆☆☆
FÜR WEN? Grubenfans **HIGHLIGHT** Grubenfahrt

In 1.000 Jahren Bergbau wurden im Bergwerk Rammelsberg mehr als 27 Millionen Tonnen Erz gefördert – so viel wie sonst nirgendwo auf der Welt.

Archäologische Funde deuten darauf hin, dass es am Rammelsberg bereits im 3. Jahrhundert eine frühe Form von Bergbau gegeben haben muss. Da der Berg aber erstmals im Jahr 968 urkundlich erwähnt wurde, gilt diese Jahreszahl als Betriebsbeginn. Der Legende nach soll der Berg nach dem Ritter Ramm, einem Gefolgsmann Otto des Großen, benannt worden sein. Dessen Pferd scharrte während eines Jagdausflugs derart mit den Hufen, dass es damit Erz freilegte.

So die Sage. Ob sie wahr ist? Tatsache ist, dass die Stadt Goslar durch die Mine zu Reichtum kam, was Kaiser Heinrich II. kurz nach dem Jahr 1000 dazu bewegte, dort eine Kaiserpfalz anzulegen, die sein Nachfolger, Heinrich III., zwischen 1040 und 1050 zum längsten weltlichen Gebäude ausbauen ließ. Goslar wurde zwei Jahrhunderte lang zum Zentrum des Reiches. Dreizehn Kaiser und Könige hielten hier Hof.

Aus dem Erz des 635 Meter hohen Rammelsbergs wurden in aufwendigen Verfahren Blei, Gold, Kupfer, Silber und Zink gewonnen und weiterverarbeitet. Als das Bergwerk 1988 geschlossen wurde, war es weltweit das einzige, das nachweislich 1.020 Jahre kontinuierlich in Betrieb war. Seit 1992 ist es zusammen mit der Altstadt von Goslar UNESCO-Weltkulturerbe.

Der Rammelsberg-Komplex besteht heute aus einem Besucherbergwerk und einem spannenden Museum. Zu den Höhepunkten der Tour durch das Bergwerk gehören die ruckelnde Fahrt mit der Grubenbahn, die gewaltigen Wasserräder im Roeder-Stollen und die Fahrt mit dem Schrägaufzug.

Anfahrt Ab Bahnhof Goslar mit Bus-Linie 803 bis Endhaltestelle »Bergbaumuseum« oder ab Welterbe-Infozentrum am Marktplatz mit dem Welterbe-Shuttle (Linie 809) im 30-Minuten-Takt zum Rammelsberg. Mit dem Auto über Rammelsberger Straße.
Weitere Infos www.rammelsberg.de

#84 ZEITREISE IN DIE VERGANGENHEIT

DAS ÄLTESTE MUSEUM DER WELT

Innsbruck, Tirol • Österreich ⚲ 47.2565828 | 11.4336189

SPEKTAKEL ★★★☆☆ **ERREICHBARKEIT** ★★★★★ **KOSTEN** ★★☆☆☆ **AUFWAND** ★☆☆☆☆
FÜR WEN? Zeitreisende **HIGHLIGHT** Die Kunst- und Wunderkammer

Nicht, dass es weltweit keine älteren Museen gäbe, aber Schloss Ambras gilt weltweit als erstes Museum, das sich noch immer an seinem ursprünglichen Entstehungsort befindet. Und das schon seit über 450 Jahren.

Zu verdanken ist diese Tatsache der Sammelleidenschaft des Tiroler Landesfürsten Erzherzog Ferdinand II. Er ließ die mittelalterliche Burg Ambras als Geschenk für seine bürgerliche Frau, die Augsburger Patriziertochter Philippine Welser, zu einem prachtvollen Renaissance-Schloss ausbauen.

Der zweite Sohn von Kaiser Ferdinand I. war einer der bedeutendsten Sammlerpersönlichkeiten seiner Zeit. Für seine immer größer werdende Sammlung ließ er ab 1570 das Unterschloss errichten. Damals einer der frühesten Bauten, der ausschließlich für den Verwendungszweck als Museum gedacht war und heute der einzige noch erhaltene Museumsbau der Renaissance mit Originalsammlungen.

Ein großer Teil der ursprünglichen Kostbarkeiten des sammelfreudigen Erzherzogs ist noch immer in drei Rüstkammern sowie der Kunst- und Wunderkammer zu bestaunen. Unter anderem sammelte Ferdinand Rüstungen von berühmten Feldherren seiner Zeit, die er zu deren ewigem Gedächtnis in der »Heldenrüstkammer« präsentierte. Rund 100 Harnische gelangten in seinen Besitz, die bis heute in hohen Vitrinen aus Zirbenholz ausgestellt sind – acht der Vitrinen stammen noch aus dem 16. Jahrhundert.

Die Sammelleidenschaft Ferdinands galt so ziemlich allem. Davon zeugt die Kunst- und Wunderkammer, die als einzige am ursprünglichen Ort erhaltene Kunstkammer der Renaissance. Ferdinands Nachlassinventar von 1596 listet über 3.300 Gegenstände auf – von Objekten in allen Formen, Größen und Materialien über Waffen, Naturalien und Gemälde bis hin zu neuen wissenschaftlichen Instrumenten.

Anfahrt Ab Hauptbahnhof Innsbruck mit Regionalbus 4134 zum Schloss Ambras (9 Minuten). Mit dem Auto über die Schloßstraße.
Weitere Infos
www.schlossambras-innsbruck.at

#85 ABSTIEG IN DIE SALZBURGER UNTERWELT

DER ÄLTESTE MITTELALTERLICHE WASSERSTOLLEN MITTELEUROPAS

Stiftsarmstollen, Salzburg • Österreich   47.7933534 | 13.0473564

SPEKTAKEL ★★★★☆   **ERREICHBARKEIT** ★★★★★   **KOSTEN** ★★★☆☆   **AUFWAND** ★☆☆☆☆
FÜR WEN? Klaustrophobiefreie   **HIGHLIGHT** Der Marsch durch den Festungsberg

Eine Wanderung von der Brunnhausgasse zum Friedhof St. Peter mal unterirdisch? Die Almabkehr macht's möglich.

Die Almabkehr ist kein Almabtrieb, wie viele beim ersten Hören meinen, sondern die Trockenlegung des Salzburger Almkanals, sodass Reinigungs- und Wartungsarbeiten vorgenommen werden können. Der Almkanal entstand im 8. Jahrhundert zur Versorgung der Stadt mit Trinkwasser, Nutz- und Löschwasser. Wegen im 12. Jahrhundert unzureichender Wasserversorgung des inneren Stadtbereichs, wurde zwischen 1136 und 1143 ein 400 Meter langer Stollen durch den Festungsberg geschlagen, damit der Almkanal unterirdisch weiterfließen konnte.

Während der Almabkehr zu Beginn des Herbstes ist der Stiftsarmstollen drei Wochen lang im Rahmen einer Führung begehbar. Bei der Wanderung durch den engen kurvigen Stollen sieht man Rundbögen, Spitzgewölbe, trapezförmige Steinsätze und auf dem Boden stellenweise Grabplatten vom ehemaligen Domfriedhof. Man erfasst, welche beachtliche Leistung der Bau des Stiftsstollens vor über 880 Jahren war.

Wer klaustrophobisch veranlagt ist, sollte sich eine Tour zweimal überlegen, denn stellenweise ist der Durchgang nur 80 Zentimeter breit und die Decke mitunter gerade mal 1,40 Meter hoch.

Anfahrt   Mit Obus-Linie 3 oder Stadtbus 25 bis Haltestelle »Petersbrunnstraße«, dann ca. 6 Minuten Fußweg. Mit dem Auto über Schwarzstraße. Der Einstieg zum Stollen befindet sich auf der Rückseite des Festungsberges in der Brunnhausgasse 5. Treffpunkt für die Führungen ist das Schleusenhäuschen.
Weitere Infos   www.almkanal.at
Unbedingt beachten   Den Stollen nur in Gummistiefeln und Regenmantel betreten, denn auf dem Boden steht das Wasser teils knöcheltief und von Decke und Wänden tropft es ganz schön. Stirnlampe nicht vergessen, denn im Stollen ist es zappenduster.

#86 GESPENSTERBURG

DIE SAGENUMWOBENSTE BURG DEUTSCHLANDS

Burg Rodenstein, Fränkisch-Crumbach, Hessen • Deutschland 49.7313313 | 8.813252

SPEKTAKEL ★★★☆☆ **ERREICHBARKEIT** ★★★☆☆ **KOSTEN** ★☆☆☆☆ **AUFWAND** ★★☆☆☆
FÜR WEN? Geisterjäger **HIGHLIGHT** Begegnung mit dem Geisterheer

Um die Burgruine im Wald zwischen Fränkisch-Crumbach und Reichelsheim ranken sich zahlreiche Legenden. Eine davon ist die Sage des Rodensteiners und seinem Geisterheer.

Wenn an stürmischen Tagen der Wind durch die Bäume weht, glaubt man tatsächlich, die gespenstischen Reiter durch die Lüfte brausen zu hören. Bemüht man die Fantasie, vernimmt man sogar das Getöse aus Hufschlägen, wiehernden Pferden und klirrenden Schwertern, das Ritter Hans zu Rodenstein und sein unsichtbares Heer veranstalten, wenn sie durch die Lüfte ziehen.

Junker Hans III. zu Rodenstein (1418–1500) soll keiner Fehde und Schlacht abgeneigt gewesen sein, und so kam es, dass er in den Krieg zog, als seine junge Frau kurz vor der Geburt ihres Kindes stand. Sie flehte ihn an zu bleiben und hielt ihn fest. Als er sie von sich stieß, stürzte sie und kam zu Tode.

Soweit die Legende. Dass seine Gemahlin, Anna von Rodenstein-Lißberg, tatsächlich auf diese Weise starb, ist allerdings durch keine haltbaren Quellen belegt. Der Sage nach erschien sie ihm allerdings in der folgenden Nacht im Traum und verfluchte ihn dazu, nach seinem Tod für alle Ewigkeit mit einem Geisterheer umherzuziehen und Bote sich andeutender Kriege zu sein.

Hans zu Rodenstein, der auf einer Wallfahrt in Rom starb und dort beerdigt wurde, soll auf diese Weise auch den Ersten und Zweiten Weltkrieg angekündigt haben. So berichten jedenfalls »Ohrenzeugen« aus der Umgebung.

Sitz des Geisterheeres ist die knapp acht Kilometer entfernte Schnellertsburg, von der fast nichts mehr übrig ist. Sobald ein Krieg bevorsteht, so die Legende, zieht das Geisterheer vom Schnellerts durch Fränkisch-Crumbach zur »Kriegsburg« Rodenstein und bleibt dort so lange, bis der Krieg vorbei ist.

Anfahrt Ab Fränkisch-Crumbach zu Fuß über die Rodenheimer Straße ca. 4 Kilometer zur Burg. Mit dem Auto geht es über die K75 schneller.
Weitere Infos
www.bergstrasse-odenwald.de

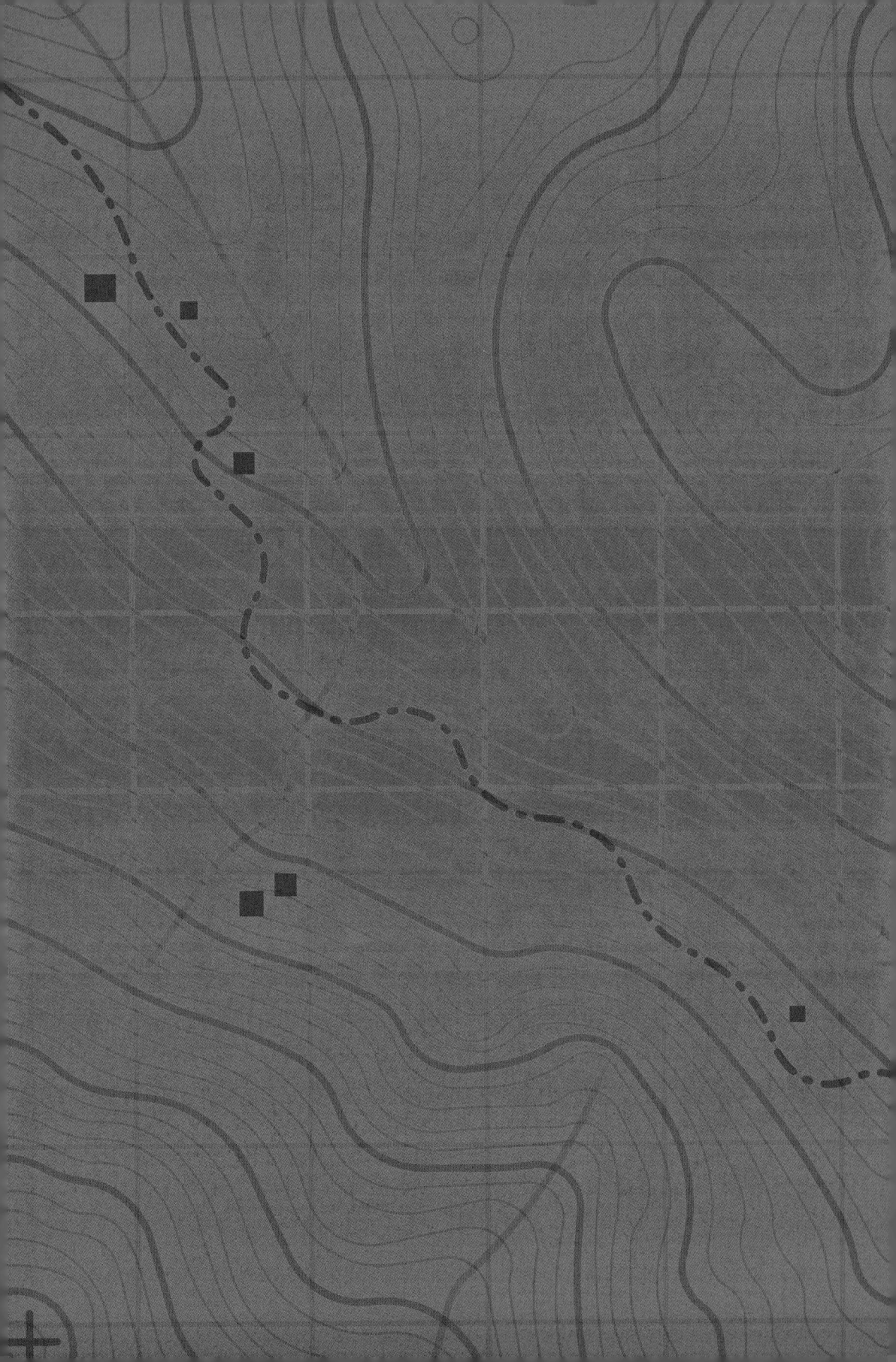

KURIOSES

Gibt es nicht? Gibt es doch! Vom Käsemilbenmonument über ein Museum mit ausgestopften Fröschen bis hin zum spektakulärsten Stunt der Filmgeschichte

#87 FREIER FLUG IN LUFTIGER HÖHE
DAS HÖCHSTE KETTENKARUSSELL ÖSTERREICHS

Prater, Wien • Österreich 📍 48.2145278 | 16.401401

SPEKTAKEL ★★★★★   **ERREICHBARKEIT** ★★★★★   **KOSTEN** ★★☆☆☆   **AUFWAND** ★☆☆☆☆
FÜR WEN? Schwindelfreie   **HIGHLIGHT** Spektakulärer Blick über ganz Wien

Das Karussell dreht sich höher und höher, bis es in schwindelerregenden Höhen seine Höchstgeschwindigkeit erreicht. Der atemberaubende Höhenflug dauert nur wenige Minuten, aber die haben es in sich.

Hoch, höher, am höchsten. Die Drehgeschwindigkeit erhöht sich mit zunehmender Höhe. Je schneller sich das Karussell dreht und je höher es steigt, desto stärker fegt einem der Wind um die Ohren. Bei 60 km/h auf 95 Metern Höhe ist Schluss. Nicht mit dem Drehen, sondern mit dem »Steigflug«. Man wagt sich nur zaghaft nach unten oder oben zu schauen. Die Zweisitzer des Karussells sind an einem zwölfzackigen Stern befestigt, über dem eine golden glänzende Kuppel in den Himmel ragt, an der sich drei 2,7 Meter hohe Uhren befinden. Die Spitze ist mit 1.200 LEDs ausgestattet, die bei Anbruch der Dunkelheit für herrlichen Lichterglanz sorgen. Eine Fahrt im Kettenflieger bei Nacht hat etwas!

Mit 117 Metern Höhe war der Prater Turm bei seiner Eröffnung am 1. Mai 2010 das höchste Kettenkarussell der Welt. Drei Jahre später musste er seinen Titel allerdings an das vier Meter höhere Eclipse im Gröna Lund Vergnügungspark in Stockholm abgeben. Seitdem ist er das zweithöchste. Allerdings nicht der Welt, denn seit 2021 protzt Dubai mit einem Kettenkarussell in 140 Metern Höhe.

Anfahrt   Ab Hauptbahnhof Wien mit der S1 bis Haltestelle »Praterstern«, dann 900 Meter zu Fuß zum Prater Turm. Mit dem Auto über Schüttelstraße/B227.
Weitere Infos   www.praterwien.com

Tipp   Es muss ja nicht unbedingt der Kettenflieger sein. Eine ebenso spektakuläre Aussicht bietet das berühmte Wiener Riesenrad, das sich nur 600 Meter vom Prater Turm entfernt befindet. Dank geschlossener Gondeln und einer Geschwindigkeit von nur 2,7 km/h ist es auch für weniger Schwindelfreie geeignet.

#88 SPRINGEN WIE 007

DER BESTE STUNT DER FILMGESCHICHTE

Verzsacatal, Tessin • Schweiz   46.1966481 | 8.8485371

SPEKTAKEL ★★★★★ **ERREICHBARKEIT** ★★★★☆ **KOSTEN** ★★★★★ **AUFWAND** ★★☆☆☆
FÜR WEN? Adrenalin-Junkies **HIGHLIGHT** Der Blick in die Tiefe

In Golden Eye stürzt sich Topagent James Bond im Dienste seiner Majestät von der Verzasca-Staumauer 220 Meter am Gummiband in die Tiefe. Es darf ihm nachgemacht werden.

Nicht Pierce Brosnan alias 007 sprang 1995 in die Tiefe, sondern der britische Stuntman Wayne Michaels, der mit seinem atemberaubenden Stunt einen neuen Weltrekord für den höchsten Sprung von einer festen Struktur aufstellte. Im Jahr 2002 wurde der Sprung zum besten Filmstunt aller Zeiten gewählt. Auf YouTube kann man sich die Szene im offiziellen Golden-Eye-Trailer anschauen.

Als die Dreharbeiten zu Golden Eye abgeschlossen waren, hatte die Tessiner Firma Trekking Team die geniale Idee, an der exakten Stelle der spektakulären Filmszene eine Bungee-Sprunganlage zu eröffnen. Mit Bungee Jumping hatten die beiden Firmengründer, Inhaber und Brüder Anton und Peter Draganitis Erfahrung – hatten sie den Sport doch mit ihrer Firma Ende der 1980er-Jahre in die Schweiz gebracht. Wer sich traut, schwindelfrei, körperlich fit und vollkommen gesund ist, kann den legendären Adrenalinsprung selbst wagen.

Aber nicht nur diesen. Neben dem »007 Klassik Sprung« werden ein Rückwärtssprung, ein Nachtsprung bei beleuchteter Mauer und für erfahrene Springer ein Sprung mit den Füßen voraus angeboten. Beim Videosprung, bei dem eine GoPro-HERO-Kamera am Handgelenk fixiert wird, kann der Sprung aufgenommen werden.

Anfahrt   Ab Bahnhof Locarno mit der Regionalbahn nach Gordola (7 Minuten), von dort mit dem PostAuto Nr. 321 bis Haltestelle »Diga Verzasca«, dann 260 Meter bis zum Sprungcenter. Mit dem Auto ab Locarno über die A13 (13,5 Kilometer).
Weitere Infos   www.trekking.ch

Eine Vorab-Reservierung ist absolut notwendig, um ein Sprungfenster zum gewünschten Zeitpunkt zu ergattern. Gesprungen werden kann von Ostern bis Ende Oktober.

#89 EIN STÜCK JAKOBSWEG

DAS GRÖSSTE BEGEHBARE GIPFELKREUZ DER WELT

Pillerseetal, Tirol • Österreich   📍 47.4833314 | 12.5658237

SPEKTAKEL ★★★★★   **ERREICHBARKEIT** ★★★★☆   **KOSTEN** ★★☆☆☆   **AUFWAND** ★★☆☆☆
FÜR WEN? Gipfelstürmer   **HIGHLIGHT** Panoramablick auf die Tiroler Bergwelt

Zum Jakobskreuz auf dem Gipfel der Buchensteinwand in den Kitzbüheler Alpen ist keine mühsame Wanderung notwendig – die Bergbahn fährt bis fast vors Gipfelkreuz.

Das monumentale, aufrecht stehende Doppelkreuz, das auf 1.456 Metern Höhe fast 30 Meter in den Himmel ragt, ist Gipfelkreuz und Aussichtsturm in einem. Dass es steht, wo es steht, hat seinen Grund – hier verläuft der Tiroler Teil des Jakobsweges. Die Philosophie des Kreuzes beruht auf den vier Grundpfeilern Kraftort (und Ausflugsziel), Veranstaltungsort, Pilgerziel und Denkplatz. Die Stahlfachwerkkonstruktion mit zwei Untergeschossen, vier oberirdischen Ebenen und fünf Aussichtsplattformen mit Blick in alle Himmelsrichtungen wurde 2014 errichtet.

In den vier Armen des Doppelkreuzes befinden sich Ausstellungsräume mit stirnseitig großflächigen Verglasungen, die man auch für Seminare, Workshops oder Hochzeiten mieten kann. Auf ihren Dächern befinden sich auf 22 Metern Höhe vier Aussichtsplattformen, die nach ihrer Ausrichtung benannt sind: Großglockner, Kitzbüheler Horn, Pillersee und Stoaberg.

Eine sechs Meter höher liegende große Panoramaplattform bietet einen 360°-Blick auf die Tiroler Bergwelt. Fernrohre auf allen Aussichtsplattformen sorgen für eine atemberaubende Sicht auf Berge und machen sie zum Greifen nah.

Bis zu den Ausstellungsräumen auf der zweiten Ebene fährt ein Aufzug, ab dort führt eine Treppe zu den Aussichtsplattformen. Im Sockel des Jakobskreuzes befindet sich seit 2020 die Antonius-Kapelle, die vom Kitzbüheler Künstler Max Biembacher geschaffen wurde.

Anreise Ab St. Ulrich am Pillersee mit der Bergbahn Pillersee zum Gipfelkreuz, mit dem Auto über Flecken. Wer lieber zum Gipfelkreuz wandert, nimmt den ausgeschilderten Wanderweg ab der Talstation der Bergbahn, der über Wald und Almwiesen hinaufführt.
Weitere Infos
www.kitzbueheler-alpen.com und
www.bergbahn-pillersee.com

#90 IM STERNENSAUSER DURCH DEN BERGHIMMEL

DIE LÄNGSTE STAHLSEILRUTSCHE EUROPAS

Unteriberg, Schwyz • Schweiz 46.9998902 | 8.7978337

SPEKTAKEL ★★★★★ **ERREICHBARKEIT** ★★★★★ **KOSTEN** ★★★★★ **AUFWAND** ★★★★★
FÜR WEN? Schwindelfreie **HIGHLIGHT** Die spektakuläre Aussicht

Mit einer Spitzengeschwindigkeit von bis zu 120 Stundenkilometern saust der Flying Fox in luftigen Höhen durch das Wander- und Wintersportgebiet Hoch-Ybrig – von der Bergstation hinunter zur Talstation.

Es ist wohl eine der originellsten Drahtseilbahnen der Welt. Zumindest ist sie mit 2,3 Kilometern die längste ihrer Art in Europa – die längste der Welt ist mehr als 500 Meter länger, aber dafür muss man in die Arabischen Emirate reisen. Anstatt in Kabinen mit Panoramafenstern über Hoch-Ybrig zu schweben, sitzt oder liegt man, je nach Belieben, in einem Gurt. Dieser ist an einer Seilrolle befestigt, die mit dem Hochfestkabel, das zwischen den Stationen gespannt ist, mit einem speziellen Rollsystem verbunden ist. Die Strecke hinunter ins Tal besteht aus zwei Seilen. Das erste ist 1.800 Meter lang – hier werden auf den ersten 800 Metern je nach Wetterbedingungen bis zu 120 Stundenkilometer erreicht. Danach bleibt etwa ein Kilometer Auslauf bis zur Bremse, die 12 Meter lang und aufgrund ihrer roten Farbe nicht zu übersehen ist. Danach geht es am zweiten Seil weitere 500 Meter hinunter zur Talstation.

Nur etwas über drei Minuten dauert die rasante insgesamt 2,3 Kilometer lange Fahrt in maximal 80 Metern Höhe über dem Boden. In der Vogelperspektive inmitten der Zentralschweizer Alpen hat man bei klarem Wetter einen Blick bis in den Schwarzwald und zum über 2.500 Meter hohen Säntis, dem höchsten Berg im Alpstein.

Anfahrt Ab Talstation »Weglosen« in Unteriberg mit der Gondelseilbahn Seebli zur Bergstation »Seebli«, dort umsteigen in die Viersesselbahn zur Bergstation »Sternen« – von dieser hat die Seilrutsche ihren Namen »Sternensauser«. Mit dem Auto von Unteriberg nach Seebli, von dort weiter mit der Sesselbahn.
Weitere Infos www.hoch-ybrig.ch und www.impuls-event.ch (dort bei Suche »Flying Fox« eingeben).

#91 KLEINER GEHT'S NICHT

DAS KLEINSTE DORF DER SCHWEIZ

Zumdorf, Uri • Schweiz 46.6104981 | 8.5210904

SPEKTAKEL ★★★☆☆ **ERREICHBARKEIT** ★★★☆☆ **KOSTEN** ★★☆☆☆ **AUFWAND** ★★☆☆☆
FÜR WEN? Durchreisende **HIGHLIGHT** Die Rösti

Ein Restaurant, eine Kapelle, zwei Ferienhäuser und drei Einwohner – mehr gibt es in dem Dörfchen der XXS-Superlative südwestlich von Andermatt nicht.

Ein Schild weist darauf hin, dass man sich im kleinsten Dorf der Schweiz befindet. Das Örtchen liegt auf 1.500 Metern Höhe im Urserental südwestlich der Kantonshauptstadt Altdorf, der Ski- und Ferienort Andermatt ist fünf Kilometer entfernt. Nur eine einzige Familie, Andreas Schmid und seine Söhne, leben ganzjährig im Ort.

Ihr Vorfahr, der Architekt Bartholomäus Schmid, erbaute 1720 das kleine Kirchlein St. Nikolaus, dessen Türmchen über die handvoll Dächer ragt. Damals zählte Zumdorf noch 50 Einwohner. Die Blütezeit des Dorfes war 1851 jedoch abrupt vorbei, als eine gewaltige Lawine den Ort verschüttete. Viele Häuser wurden zerstört, die meisten Überlebenden wanderten aus Angst vor der nächsten Lawine ab. Heute ist Zumdorf ein beliebtes Ausflugsziel. Nicht nur für Touristen aus aller Welt, die in Andermatt ihren Ski- oder Wanderurlaub verbringen, oder weil es als kleinstes Dorf der Schweiz auf mancher Bucket List steht, sondern auch wegen des vielbesuchten Restaurants »Zum Dörfli«, das Andreas Schmid von seinen Eltern 1993 übernahm. Das urige Gasthaus verfügt über 55 Sitzplätze, einen offenen Kamin und eine große Panoramaterrasse mit 80 Sitzplätzen und atemberaubendem Bergblick. Serviert werden neben einheimischer Küche Röstispezialitäten, Wildgerichte und im Winter Käsefondue und Raclette. Nach dem Essen warten vor der Tür herrliche Wanderwege und Langlaufloipen.

Anfahrt Zum Beispiel ab Bahnhof Göschenen bis Andermatt, dort mit dem Bus weiter nach Zumdorf, der nach Bedarf fährt. Fahrpläne unter www.andermatt.ch. Mit dem Auto ab Andermatt via Route 19/Furkastraße (5,3 Kilometer).
Weitere Infos www.zumdoerfli.ch

#92 DIE WELT AUS DER FROSCHPERSPEKTIVE

DAS SKURRILSTE MUSEUM DER SCHWEIZ

Estavayer-le-Lac, Fribourg • Schweiz   📍 46.8494976 | 6.8487524

SPEKTAKEL ★★★★☆   **ERREICHBARKEIT** ★★★★★   **KOSTEN** ★★☆☆☆   **AUFWAND** ★☆☆☆☆
FÜR WEN? Fans von Amphibien   **HIGHLIGHT** Die surreale Froschsammlung

Wie würden sich Menschen verhalten, wenn sie Frösche wären oder umgekehrt? Das Froschmuseum zeigt es auf ganz einzigartige Weise!

Der Offizier der Schweizer Garde François Léodegar Dominique Perrier entwickelte nach seiner Pensionierung ein makabres Hobby. Zwischen 1848 und 1860 präparierte er Frösche und bildete mit den ausgestopften Amphibien Alltagsszenen jener Zeit nach. Er ließ die grünen Hüpfer in menschlicher Pose die Schulbank drücken, Dokumente in der Amtsstube schreiben, Karten spielen, Gelage feiern, mit der Familien essen, auf ausgestopften Eichhörnchen reiten, als Soldaten exerzieren und vieles mehr.

Die zu den Szenen passenden Möbelstücke und Gegenstände modellierte er maßstabsgetreu gleich dazu. Die surreale Sammlung aus 108 Fröschen befindet sich seit Ende der 1920er-Jahre im Museum von Estavayer-le-Lac. Aufgrund der präparierten Amphibien ist das kleine Stadtmuseum als Froschmuseum (Musée des grenouilles) bekannt, auch wenn die Frösche in ihren unfroschmäßigen Positionen nur einen winzigen Teil der musealen Sammlung ausmachen. Der größte Teil sind Exponate aus den Bereichen Naturkunde, Waffen und dem regionalen Alltag von anno dazumal. Jeder der fünf Räume ist einem anderen Thema gewidmet.

Anfahrt Ab Hauptbahnhof Fribourg mit der Regionalbahn nach Estavayer-le-Lac am Südufer des Neuenburgersees (39 Minuten), vom dortigen Bahnhof sind es 10 Gehminuten zum Museum in der Rue du Musée 13. Mit dem Auto über die Route de Fribourg, ab Bahnhof Estavayer-le-Lac über Place de la Gare und Route d'Yverdon.

Weitere Infos
www.museedesgrenouilles.ch und
www.fribourgregion.ch

#93 BIERGENUSS OHNE ENDE
DIE GRÖSSTE BRAUEREIDICHTE DER WELT

Aufseß, Bayern • Deutschland 9 49.8983485 | 11.1787999

SPEKTAKEL ★★★☆☆ **ERREICHBARKEIT** ★★★☆☆ **KOSTEN** ★★☆☆☆ **AUFWAND** ★★☆☆☆
FÜR WEN? Biertrinker **HIGHLIGHT** Die Biervielfalt

Das Guinness-Buch der Rekorde ist sich sicher: Gemessen an der Einwohnerzahl gibt es weltweit keine größere Brauereidichte als in Aufseß. Hier kommen vier Brauereien auf knapp 1.300 Einwohner.

Den Rekord hält die kleine Gemeinde in der Fränkischen Schweiz bereits seit 2001. Damals lag die Einwohnerzahl noch bei 1.500. So gesehen ist die Brauereidichte sogar noch etwas größer geworden. Eigentlich ist die ganze Region rekordverdächtig, denn das Bierland Oberfranken ist Zentrum der deutschen Brauereikultur und hat mit Abstand die größte Brauereidichte der Welt. Mehr als 180 Braustätten kommen auf knapp über eine Million Einwohner. Ganz zu schweigen von der unglaublichen Vielfalt. Mehr als 1.000 verschiedene Biere werden in Oberfranken gebraut.

Die vier Weltmeister-Brauereien der kleinen Gemeinde sind die Brauerei Rothenbach im Hauptort Aufseß, der Brauereigasthof Reichold in Hochstahl, die Brauerei Stadter in Sachsendorf und die Brauereigaststätte Kathi-Bräu in Heckenhof.

In den Brauereigaststätten erhalten Gäste einen Brauereienweg-Wanderpass. Wer diesen beim Besuch der vier Brauereigasthäuser in Aufseß abstempeln lässt, erhält als Erinnerung eine Urkunde, die den Gast als »Fränkischen Biergenießer der Weltmeisterbrauereien« ausweist. Der 14 Kilometer lange Brauereienweg führt gegen den Uhrzeigersinn von Aufseß in den Ortsteil Heckendorf. Da die Gemeinde nicht nur für ihre Biervielfalt bekannt ist, sondern auch für ihre Küche, wurde sie 2018 als »Genussort Bayerns« ausgezeichnet.

Anfahrt Zum Beispiel ab Erlangen Hauptbahnhof mit der Regionalbahn, umsteigen in Forchheim und Ebermannstadt, dort Bus-Linie 975 nach Aufseß. Einfacher und schneller geht es mit dem Auto via A73.
Weitere Infos
www.bierland-oberfranken.de und
www.aufsess.de/brauereienweg

#94 ERLEUCHTUNG GARANTIERT

DIE GRÖSSTE BUDDHA-SAMMLUNG EUROPAS

Buddha-Museum, Traben-Trarbach, Rheinland-Pfalz • Deutschland 📍 49.949955 | 7.109766

SPEKTAKEL ★★★★☆ **ERREICHBARKEIT** ★★★★★ **KOSTEN** ★★★☆☆ **AUFWAND** ★☆☆☆☆
FÜR WEN? Buddhisten (aber nicht nur) **HIGHLIGHT** Vielfalt der Darstellung

Buddhas soweit das Auge blickt. Und das nicht etwa in Asien, sondern in einem kleinen Weinstädtchen an der Mosel.

In der ehemaligen Jugendstil-Weinkellerei »Julius Kayser« liegen, sitzen, meditieren und stehen 2.000 faszinierende Buddha-Skulpturen aus so ziemlich allen asiatischen Ländern und Epochen. Die ältesten sind über 1700 Jahre alt. Eine gigantische Schatztruhe auf drei Ebenen und 4000 Quadratmeter Ausstellungsfläche – man weiß bei so viel Pracht gar nicht, wohin zuerst mit Blick und Schritt.

Die Skulpturen aus unterschiedlichen Materialien sind von winzig bis riesig, darunter auch die kleinste Buddha-Figur der Welt, die gerade mal so groß ist wie ein Streichholzkopf. Die größte Skulptur ist ein Koloss von knapp vier Metern Höhe und zwei Tonnen Gewicht. Eines der unzähligen Highlights sind die Gandhara-Buddhas aus einem Gebiet zwischen Afghanistan und Pakistan, die zu den ältesten Darstellungen Buddhas in menschlicher Gestalt gehören. Sie stammen aus dem 2. oder 3. Jahrhundert n. Chr. Ein Augenschmaus ohnegleichen. Multimedia-Installationen im Museum bieten Wissenswertes zum Buddhismus in Geschichte, Kultur, Kunst und Philosophie.

Die Skulpturen sind der Sammelleidenschaft des 2018 verstorbenen Mainzer Unternehmers Wolfgang Preuß zu verdanken, der die Buddhas in 20 Jahren zusammengetragen hat. Zur Ausstellungsfläche gehören ein Innenhof und ein großer Dachgarten mit weiteren Buddha-Skulpturen und einem grandiosen Blick über Traben-Trarbach und die Mosel.

Anreise Ab Hauptbahnhof Trier mit Regionalbahn bis Bullay, umsteigen in Regionalbahn nach Traben-Trarbach. Mit dem Auto über B53.
Weitere Infos www.buddha-museum.de

#95 SCHATZTRUHE DER FANTASIE

DER GRÖSSTE HAUS-ADVENTSKALENDER DER WELT

Gengenbacher Rathaus, Gengenbach, Baden-Württemberg • Deutschland 48.4040716 | 8.0135586

SPEKTAKEL ★★★☆☆ **ERREICHBARKEIT** ★★★★☆ **KOSTEN** ★☆☆☆☆ **AUFWAND** ★☆☆☆☆
FÜR WEN? Weihnachtsliebhaber **HIGHLIGHT** Das 24. Fenster

Das Schwarzwaldstädtchen Gengenbach hat sich für die Adventszeit etwas ganz Besonderes ausgedacht und schaffte es damit ins Guinness Buch der Rekorde.

Das Rathaus liegt im Dunkeln. Die Spannung auf dem historischen Marktplatz steigt. Punkt 18 Uhr leuchten Lichter auf und tauchen die prächtige Rathausfassade in ein Meer aus magischen Farben. Die Spannung erreicht ihren Höhepunkt, wenn ein Leuchtkegel auf das Fenster des Tages fällt und sich dieses öffnet.

Das allabendliche Ritual findet vom 30. November bis zum 23. Dezember statt. In den Fenstern erstrahlen jedes Jahr die Bilder eines anderen Künstlers. In der Vergangenheit waren Werke von Marc Chagall, Andy Warhol, Tomi Ungerer und Otmar Alt. Erst wenn sich das letzte Fenster öffnet, leuchtet das 1784 erbaute Rathaus in seiner ganzen Pracht und zwar bis zum 6. Januar.

Die Idee zu dem überdimensionalen Adventskalender entstand 1996 aus der Not heraus. Da die Gengenbacher Innenstadt in der Vorweihnachtszeit nicht die erhoffte Anzahl an Kunden in die Geschäfte lockte, suchte man nach einem Anreiz. Die zündende Idee hatte Reinhard End, Leiter des Museums Haus Löwenberg. Er fand, dass sich die zum Marktplatz gerichtete Fassade des Rathauses mit ihren 24 Fenstern doch ganz gut in einen gigantischen Adventskalender verwandeln ließe.

Gesagt, getan. Zusammen mit dem Künstler Otmar Alt gestaltete End den ersten Kalender, der zur allerersten Türchenöffnung am 1. Dezember 1996 zahlreiche Neugierige in die Innenstadt zum Rathaus zog. Die Rechnung ging auf. Der monumentale Adventskalender entwickelte sich bald zu einem überregionalen Besuchermagneten und zieht jährlich weit über 100.000 Besucher in das knapp 11.000 Einwohner zählende Städtchen im unteren Kinzigtal im mittleren Schwarzwald.

Anreise Ab Freiburg Hauptbahnhof mit Regionalbahn bis Offenburg, dann Bus 7134 bis Haltestelle »Rathaus, Gengenbach«. Mit dem Auto via A5.
Weitere Infos www.gengenbach.info

#96 OPEN URBAN ART GALLERY
DAS GRÖSSTE MURAL AN EINEM HOCHHAUS IN DEUTSCHLAND

Mannheim, Baden-Württemberg • Deutschland   ◆ 49.5142214 | 8.5349029

SPEKTAKEL ★★★☆☆ **ERREICHBARKEIT** ★★★★☆ **KOSTEN** ★☆☆☆☆ **AUFWAND** ★★☆☆☆
FÜR WEN? Street-Art-Fans   **HIGHLIGHT** Das Mural an sich

Mehr als 30 Murals findet man auf Mannheimer Hausfassaden. Das bisher deutschlandweit größte befindet sich auf einem Hochhaus im Stadtteil Vogelstang.

»Vera«, die alte Frau aus Sibirien, ist nicht zu übersehen. Ihr Gesicht prangt auf über 1.300 Quadratmetern an einer Hauswand, verteilt über 14 Stockwerke und 44 Meter Höhe. Fährt man über die B38 mit dem Auto nach Mannheim hinein, blickt man ihr direkt in die Augen. Das »Porträt einer Frau aus Sibirien« entstand im Rahmen des Projekts »Stadt.Wand.Kunst 2016« und ist ein Werk des Koblenzer Graffiti- und Streetart-Künstlers Hendrik Beikirch aka ECB.

Für das monumentale Porträt der Vera benötigte der Künstler ein halbes Jahr Vorbereitungszeit, fertig auf der Hauswand war es in zwei Wochen. Die Gesamtarbeitszeit mit über 60 Beteiligten (Hebebühnenfahrer, Industriekletterer, Malermeister etc.) beanspruchte allerdings einen Monat. Das Mural, das Beikirch frei Hand mit Spraydose, Farbrolle und der Universalfarbe Amphibolin anfertigte, verschlang insgesamt 600 Liter Farbe. Das Porträt selbst hatte er einige Zeit zuvor während einer Reise durch Sibirien auf einen Skizzenblock gezeichnet. Dass er es an einem Hochhaus in Mannheim verewigen würde, ahnte er damals noch nicht.

Der Street-Art-Künstler, der in den 1990er-Jahren anfing, ist heute mit seinen gigantischen Schwarzweißporträts auf großflächigen Fassaden weltbekannt. Man findet sie an Gebäuden quer über den Globus. Eines seiner berühmtesten Werke ist das Porträt eines Fischers in der südkoreanischen Stadt Busan aus dem Jahr 2012, das mit 70 Metern Höhe das höchste Wandbild Asiens ist.

Anfahrt Ab Mannheim Hauptbahnhof Straßenbahn-Linie 5A bis »Nationaltheater«, umsteigen in Linie 7 Haltestelle »Vogelstang Zentrum«, dann ca. 12 Minuten Fußweg bis zur Brandenburger Straße 44. Mit dem Auto via B38.
Weitere Infos
www.stadt-wand-kunst.de

#97 ES KRABBELT IM KÄSE

DAS GRÖSSTE KÄSEMILBEN-MONUMENT DER WELT

Zeitz, Sachsen-Anhalt • Deutschland　　📍 51.0206977 | 12.2273596

SPEKTAKEL ★★★★★	**ERREICHBARKEIT** ★★★★★	**KOSTEN** ★☆☆☆☆	**AUFWAND** ★☆☆☆☆
FÜR WEN? Käse-Fans	**HIGHLIGHT** Das Museum		

Der Milbe sei Dank, wird im Zeitzer Ortsteil Würchwitz seit Jahrhunderten der lebendigste Käse der Welt hergestellt. Dem fleißigen Spinnentier wurde sogar ein drei Meter hohes Denkmal gesetzt.

Wahrscheinlich ist es nicht nur das größte, sondern weltweit auch das einzige Denkmal, das den Milben der Spezies Tyrophagus casei je gesetzt wurde. Seit 2001 thront eine Milbe aus edlem Carrara-Marmor auf einem marmornen Sockel im Dörfchen Würchwitz, einem Ortsteil der Stadt Zeitz. Dass diese Ehre der Käsemilbe gebührt, hat seinen Grund: In der Gegend wird Käse seit Jahrhunderten mit Hilfe von Milben gereift. Ganze Heerscharen der weniger als einen halben Millimeter großen Spinnentierchen krabbeln in einer Packung Käse – bis zu 50.000 sollen es sein. Für manche unvorstellbar ekelig, für andere eine Köstlichkeit vom ersten bis zum letzten Bissen, die sie sich, je nach Reifegrad des Käses, ganz schön was kosten lassen.

Milbenkäse wurde in der Region erstmals in einem Erbpachtvertrag aus dem 16. Jahrhundert erwähnt. Die Idee zu dem »lebendigsten Käse der Welt« wurde aus einer Not heraus geboren. Da anno dazumal der gelagerte Käse immer wieder von Milben befallen wurde, kam man auf die Idee, die Schädlinge einfach als »Nutztierchen« in den Produktionsprozess mit einzubeziehen. Man fand heraus, dass die Enzyme des Milbenspeichels die Fermentation der Käserohmasse bedingt, ihn würzig und haltbar macht. Zu DDR-Zeiten per Lebensmittelgesetz verboten, kam die Milbenkäseproduktion nach der Wende wieder in Schwung. Sogar ein Museum wurde dem krabbelnden Käse gewidmet – dort lagert in einem Tresor der älteste Milbenkäse der Welt. Direkt am Museum befindet sich die Milbenkäsemanufaktur. Kulinarische Mutprobe gefällig?

Anfahrt Ab Bahnhof Zeitz mit Bus-Linie 841 nach Würchwitz. Mit dem Auto über B180 und K2215. Das Milbenkäsemuseum befindet sich in der Sporarer Straße 8, das Monument nur ein paar Schritte davon entfernt.
Weitere Infos
www.milbenkaese.de/museum

#98 EIN TÄNZCHEN MIT FRANKENSTEIN

DIE ÄLTESTE HALLOWEEN-PARTY DEUTSCHLANDS

Mühltal, Hessen • Deutschland   49.793716 | 8.6680853

| SPEKTAKEL ★★★★☆ | ERREICHBARKEIT ★★★☆☆ | KOSTEN ★★★★☆ | AUFWAND ★★☆☆☆ |
| FÜR WEN? Gruselfans | HIGHLIGHT Scarezones | | |

Burg Frankenstein wird gerne mit dem gleichnamigen Monster in Verbindung gebracht, hat außer dem Namen mit diesem aber nichts gemeinsam.

Um eines gleich vorwegzunehmen: Die britische Schriftstellerin Mary Shelley hatte die Idee zu ihrem Schauerroman im Sommer 1816 am Genfersee und war nie auf der Burg im Odenwald. Die Romanfigur Viktor Frankenstein erschuf seinen aus Leichenteilen zusammengesetzten Menschen in Ingolstadt nicht auf einer Burg, sondern auf dem Dachboden eines Hauses.

Dass die Burg mit dem Monster in Verbindung gebracht wird, ist einem Halloween-Streich amerikanischer Soldaten zu verdanken. Die Zeitung der US-Streitkräfte kündigte am 31.10.1952 die American-Forces-Network-Sondersendung Live from Frankenstein Castle an. Dazu hatte sich ein Journalist die Legende eines Monsters ausgedacht, das die Burg alle hundert Jahre heimsucht, und präparierte das Gemäuer entsprechend. Drei nicht in den Scherz eingeweihte Reporter des Radiosenders berichteten an Halloween live von der Burg. Einer glaubte, das Monster zu sehen, geriet in Panik und verlor das Bewusstsein.

Zuhörer bekamen den Vorfall am Radio mit, einer verständigte die Militärpolizei, die umgehend auf der Burg anrückte. Der Streich trat unter den Amerikanern eine Lawine los und machte die Burg über Nacht berühmt. 1977 organisierte der bei der US Army in Darmstadt stationierte Fotojournalist Brian Hill das erste Halloween-Festival auf der Burg für die Soldaten und Militärangehörigen. Dem Erfolg des Festes ist es zu verdanken, dass daraus ein jährliches Event und eine der größten Halloween-Partys Deutschlands wurde. Das Gruselvergnügen findet an drei Wochenenden im Oktober/November statt.

Anfahrt   Ab Darmstadt Hauptbahnhof mit Tram 1 bis Haltestelle »Eberstadt-Wartehalls«, umsteigen in Bus NB Richtung Nieder-Beerbach, Haltestelle »Frankenberger Mühle«. Dann weiter zu Fuß. Mit dem Auto ab Darmstadt via B3 / B426 Richtung Mühltal.
Weitere Infos und Wegbeschreibung
www.frankenstein-restaurant.de

#99 LEGENDÄRER BARRY

DER BERÜHMTESTE RETTUNGSHUND DER WELT

Naturhistorisches Museum, Bern • Schweiz 📍 46.9421505 | 7.4486765

SPEKTAKEL ★★☆☆☆ **ERREICHBARKEIT** ★★★★★ **KOSTEN** ★★☆☆☆ **AUFWAND** ★☆☆☆☆
FÜR WEN? Hundefans **HIGHLIGHT** Die Ausstellung

Der Bernhardinerhund Barry ist so berühmt, dass ihm das Naturhistorische Museum Bern zum 200. Todestag sogar eine Dauerausstellung gewidmet hat. Zu Lebzeiten rettete er rekordmäßig Menschenleben und wurde zum vierbeinigen Nationalhelden.

Barry wurde im Jahr 1800 im Hospiz der Augustiner Chorherren auf dem Grossen Sankt Bernhard im Wallis geboren. Die Passüberquerung war damals nicht nur bei Eis und Schnee, sondern zu jeder Jahreszeit lebensgefährlich. Die Ordensgemeinschaft, deren Hospiz auf dem Alpenpass um 1050 von Bernhard von Aosta gegründet wurde, rettete Verirrte und von Lawinen Verschüttete. Man nimmt an, dass die Chorherren Ende des 17. Jahrhundert die ersten Hunde als Geschenk zum Dank für geleistete Dienste erhielten.

Aufgrund ihrer Größe und ihres kräftigen Körperbaus wurden die Tiere zunächst zum Tragen und Ziehen von Lasten am Pass eingesetzt, später dann auch zur Suche nach Vermissten und Verschütteten.

Als die Zahl der Todesopfer am Pass dank der Hunde markant zurückging, begannen die Ordensbrüder, die Vierbeiner als Rettungshunde zu züchten. Im Laufe von 200 Jahren haben die nach dem Pass benannten Tiere mehr als 2.000 Menschen vor dem Tod bewahrt.

Keiner rettete jedoch so viele Menschen aus Lawinen wie Barry. Auf Wunsch des Priors wurde der alternde Bernhardiner 1812 nach Bern gebracht, wo er 1814 starb. Nach seinem Tod ließ ihn der Prior für die Nachwelt präparieren, »damit dieser treue Hund, der so vieler Menschen Leben rettete, nach seinem Tod nicht so bald vergessen sein wird.«

Jahrzehntelang stand Barry in einer Vitrine in der Eingangshalle des Naturhistorischen Museums, seit 2004 ist er Mittelpunkt einer spannenden Dauerausstellung, die Fakten mit Fiktion und Geschichte mit Gegenwart verwebt.

Anreise Ab Bahnhof Bern Tram Nr. 7/8 oder Bus-Linie 19 bis »Helvetiaplatz«, zum Naturhistorischen Museum in der Bernastrasse 15 sind es dann nur noch 3 Gehminuten.
Weitere Infos www.nmbe.ch/de

BARRY

Der legendäre Bernhardinerhund

#100 EINMAL UM DIE GANZE WELT

DAS EINZIGE GLOBENMUSEUM DER WELT

Palais Mollard, Wien • Österreich 48.2098426 | 16.3655183

SPEKTAKEL ★★☆☆☆ **ERREICHBARKEIT** ★★★★★ **KOSTEN** ★★☆☆☆ **AUFWAND** ★☆☆☆☆
FÜR WEN? Weltenbummler **HIGHLIGHT** Die vielen Globen

Im weltweit einzigen öffentlichen Museum, das sich ausschließlich mit Globen und Karten beschäftigt, wartet eine einzigartige Entdeckungsreise.

Sein Entstehen verdankt das Museum dem Wiener Privatgelehrten Robert Haardt (1884–1962). Den studierten Maschinenbauingenieur ärgerte es, dass es seinerzeit nicht möglich war, auf den Globen Strecken direkt zu messen. So kam er 1935 auf die Idee, die achsgebundene Weltkugel von ihrer Achse zu befreien. Den jetzt beweglichen Globus versah er mit einer Messvorrichtung für direktes Messen und wenig später mit einer Kalotte aus transparentem Kunststoff, die das Messen von Flächen und Winkeln erlaubte. Sein Rollglobus wurde berühmt und patentiert.

Privat sammelte Haardt Globen aus vergangenen Jahrhunderten und liebäugelte mit der Gründung eines Globenmuseums. Bevor es soweit war, gründete Haardt 1952 den Coronelli-Weltbund der Globusfreunde in Wien. Im April 1956 wurde das weltweit einzigartige Museum im Augustinertrakt der Hofburg mit 63 Exponaten als Teil der Österreichischen Nationalbibliothek eröffnet. Im Palais Mollard, seinem jetzigen Standort, befindet es sich seit Dezember 2005.

Heute umfasst die Sammlung des Museums mehr als 600 Erd-, Himmels-, Mond- und Planetengloben, wovon 200 ständig präsentiert werden. Der älteste Erdglobus des Landes stammt aus dem Jahr 1536 und ist ein Meisterwerk des Astronomen und Mathematikers Gemma Frisius. Er befindet sich im Kabinett der Sammler und Sammlerinnen. Prunkvollster Raum im Museum ist das Goldkabinett mit globenverwandten Instrumenten, dessen malerische Ausstattung allein ein Hingucker ist.

Anfahrt Ab Hauptbahnhof Wien mit der U1 zum Stephansplatz, dort umsteigen in die U3 bis Haltestelle »Herrengasse«. Das Museum befindet sich im Palais Mollard in der Herrengasse 9. Mit dem Auto über Favoritenstraße. Parken kann man in der Herrengasse in der Freyung-Parkgarage.
Weitere Infos
www.onb.ac.at/museen/globenmuseum

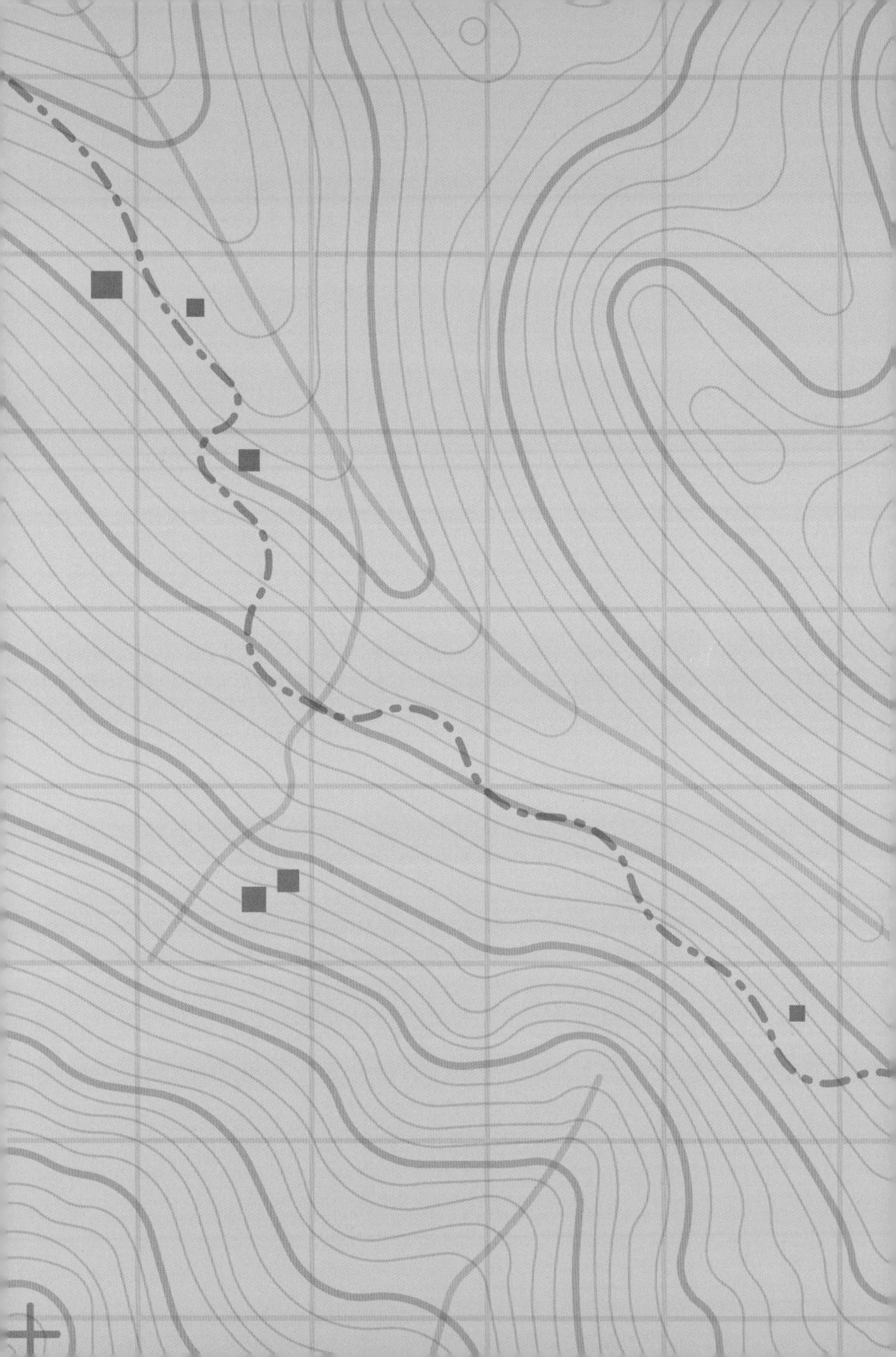

ORTSREGISTER

ORTSREGISTER

A

Alpnach 140
Amberg 66
Amdorf 144
Anger 92
Apetlon 40
Arosa 124
Aufseß 202

B

Bad Münstereifel 100
Bad Wildbad 74
Beerfeld 158
Berchtesgaden 26
Berlin 116, 128, 132
Bern 24, 68, 214
Bregenz 72
Bremm an der Mosel 12
Brocken 76, 112
Buchen-Eberstadt 160
Burghausen 162
Burg Rodenstein 186

C

Chur 124

D

Dachsteingletscher 18

E

Eberstadt 160
Elend 76
Engelhof 174
Erstfeld 138
Essen 96
Estavayer-le-Lac 200

F

Ferlach 48
Fränkisch-Crumbach 186
Freiburg 16, 146
Fribourg 200
Frienisberg 58
Funtensee 42

G

Gengenbach 206
Gmunden-Engelhof 174
Goslar 180
Grafenhausen 86
Grödig 172
Gülpe 46

H

Hannover 126
Harzturm 54
Havel 110
Hedwighof 40
Heede 28
Heidelberg 102, 108, 168
Hiltl 150
Hinte 80
Hinterbrühl 10
Hohe Tauern 38

I

Innsbruck 182

K

Kandertal 122
Krimml 38

L

Les Diablerets 70
List 36
Lüneburger Heide 30

M

Mannheim 118, 208
Maria Alm 78
Messel 178
Mettlach 14

Miltenberg 166
Monstein 106
Mühltal 212
Mülenen 52
Muotathal 20

O
Oberharz 112
Oberzent 158

P
Palais Mollard 216
Partenen 64
Pillerseetal 194
Potsdamer Platz 128

R
Reichelsheim 186
Reichenbach 122
Reutlingen 142
Reutte 60
Rodenstein 186
Rüdenau 82
Rudow 132

S
Saalbach-Hinterglemm 44
Saas-Fee 136
Salzburg 154, 156, 170, 172, 176, 184
Santa Maria Val Müstair 84
Schwyz-Stoos 130
Seedorf 58
Serfaus 134
Spandau 116
Steinernes Meer 78
Stiftsarmstollen 184
St. Kilian Distillers 82
Stoos 130
St. Peter 94
Suurhusen 80
Sylt 36

T
Torfhaus 54
Traben-Trarbach 204
Trier 152

U
Ulm 90
Unteriberg 196
Usedom 34

V
Val d'Hérémence 98
Verzsacatal 192
Visperterminen 22
Vogtland 88
Völklingen 164

W
Walsrode 30
Werfen 32
Wien 114, 190, 216
Windischeschenbach 104

Z
Zeitz 210
Zermatt 56, 62
Zumdorf 198
Zürich 94

IMPRESSUM

© Conbook Medien GmbH, Neuss, 2022
Alle Rechte vorbehalten.

www.conbook-verlag.de
www.instagram.com/conbook_verlag
www.facebook.com/conbook

Einbandgestaltung: Favoritbüro, München, unter Verwendung von Material © Juli Hansen / Shutterstock.com (Karte mit Höhenlinien) und Bukhavets Mikhail / Shutterstock.com (Illustrationen)
Layout und Kartografie: David Janik
Druck und Verarbeitung: Firmengruppe APPL, aprinta Druck GmbH, Wemding

Bildnachweis Innenteil: Karte mit Höhenlinien: Juli Hansen / Shutterstock.com; Karten D-A-CH: Schwabenblitz / Shutterstock.com: S. 11: Imre Antal / Shutterstock.com; S. 13: SiRo / Adobe Stock; S. 15: travelview / Shutterstock.com; S. 17: Joergens.mi/Wikipedia CC-BY-SA-3.0 (de); S. 19: kityyaya / Adobe Stock; S. 21: marcel rota trekking.ch; S. 23: Guido Amrein Switzerland / Shutterstock.com; S. 25: Tierpark Bern/RANDO; S. 27: Wolfgang Hauke / Shutterstock.com; S. 29: Antonius Pohlmann; S. 31: Falko Böthel / Adobe Stock; S. 33: Andreas Feldbak / Shutterstock.com; S. 35: Stefan Dinse / Shutterstock.com; S. 37: Sylt Marketing; S. 39: imagoDens / Shutterstock.com; S. 41: fritz16 / Shutterstock.com; S. 43: Michael Thaler / Shutterstock.com; S. 45: saalbach.com; S. 47: Mo Where / Shutterstock.com; S. 49: GAPS / iStockPhoto.com; S. 53: Touristik Bad Wildbad; S. 55: Harzturm GmbH; S. 57: 3100 Kulmhotel Gornergrat; S. 59: Cornelia Lohs; S. 61: Simon Dannhauer / Adobe Stock; S. 63: Zermatt Bergbahnen; S. 65: Stefan Kothner - Montafon Tourismus; S. 67: Stadtbau Amberg GmbH; S. 69: Cornelia Lohs; S. 71: PeakWalkByTissot; S. 73: Manuela Thuller; S. 75: Stairway to Heaven, Touristik Bad Wildbad; S. 77: Julian / Adobe Stock; S. 79: mRGB / Adobe Stock; S. 81: Klaus Nowottnick / Adobe Stock; S. 83: Cornelia Lohs; S. 85: Highglen Whisky Distillery; S. 87: tourpics_net / Shutterstock.com; S. 89: Flightseeing-Germany / Shutterstock.com; S. 91: KK Imaging / Adobe Stock; S. 93: Töchterlehof; S. 95: HappyAlex / Adobe Stock; S. 97: Lichtburg/Thomas Herrrmann; S. 99: Ristic Sacha / Shutterstock.com; S. 101: Wirestock Creators / Shutterstock.com; S. 103: Finecki / Shutterstock.com; S. 105: GEO-Zentrum an der KTB; S. 107: BierVision Monstein AG; S. 109: Firn / Shutterstock.com; S. 111: Tourismus-Marketing Brandenburg GmbH; S. 113: IURII BURIAK / Shutterstock.com; S. 115: mehdi33300 / Shutterstock.com; S. 117: katatonia82 / Shutterstock.com; S. 119: badproject / Shutterstock.com; S. 123: PostAuto; S. 125: Arosa Tourismus; S. 127: Lars Gerhardts; S. 129: Alexander Osenniy / Shutterstock.com; S. 131: Nicole Nideröst-Bünter/ Stoos-Muotathal Tourismus GmbH; S. 133: Wikimedia / Clemensfranz CC BY-SA 4.0; S. 135: Seilbahn Komperdell GmbH, Andreas Kirschner; S. 137: Saastal Tourismus AG; S. 139: AlpTransit Gotthard AG; S. 141: Lenush / Shutterstock.com; S. 143: KK imaging / Shutterstock.com; S. 145: Ostfriesland Tourismus GmbH -www.ostfriesland.travel; S. 147: Ilhan Balta / Adobe Stock; S. 151: Milo Stegmann; S. 153: Vereinigte Hospitien; S. 155: Cornelia Lohs; S. 157: Anja Koppitsch Photography; S. 159: Cornelia Lohs; S. 161: Wikimedia / Boa99 (Bastian Angerstein) CC BY-SA 2.0 de; S. 163: Chris Redan / Shutterstock.com; S. 165: Gugu Mannschatz / Shutterstock.com; S. 167: Hotel zum Riesen; S. 169: Institut für Geowissenschaften der Universität Heidelberg; S. 171: Mozartkino Salzburg; S. 173: Cornelia Lohs; S. 175: Dr. Johannes Weidinger; S. 177: Wikimedia / Andreas Praefcke CC BY 3.0; S. 179: Cornelia Lohs; S. 181: photolike / Shutterstock.com; S. 183: ELEPHOTOS / Shutterstock.com; S. 185: Cornelia Lohs; S. 187: Reinhard / Adobe Stock; S. 191: iStockPhoto.com / ivanmateev; S. 193: Mathias Weil / Adobe Stock; S. 195: Bergbahn Buchensteinwand Pillersee GmbH ; S. 197: Impuls-Event GmbH; S. 199: Flavia Cochet / Shutterstock.com; S. 201: Estavayer, Payerne Tourisme; S. 203: Tourismuszentrale Fränkische Schweiz; S. 205: Cornelia Lohs; S. 207: footageclips / Shutterstock.com; S. 209: Cornelia Lohs; S. 211: Wikimedia / Dundak CC BY-SA 3.0; S. 213: Boris Stroujko / Shutterstock.com; S. 215: Cornelia Lohs; S. 217: Wikimedia / Politikaner CC BY-SA 3.0

894174 01 22 2
ISBN 978-3-95889-417-4

Die in diesem Buch dargestellten Zusammenhänge, Erlebnisse und Thesen entstammen den Erfahrungen und/oder der Fantasie der Autorin und/oder geben ihre Sicht der Ereignisse wieder. Etwaige Ähnlichkeiten mit lebenden Personen, Unternehmen oder Institutionen sowie deren Handlungen und Ansichten sind rein zufällig. Die genannten Fakten wurden mit größtmöglicher Sorgfalt recherchiert, eine Garantie für Richtigkeit und Vollständigkeit können aber weder der Verlag noch die Autorin übernehmen. Leser:innenmeinungen gerne an feedback@conbook.de

Reise-Hacks: Die neue gut gelaunte Ratgeber-Reihe

Die neuen gut gelaunten Ratgeber sind ideale Begleiter fürs Handgepäck oder die Hosentasche. Mit Multiple-Choice-Tests, Bucket Lists und vielen Grafiken werden Ihnen auf unterhaltsame Art viele Fragen rund ums Reisen beantwortet.

Stefanie Schindler • **Reise-Hacks für frischgebackene Eltern** • ISBN 978-3-95889-420-4
Anita Vetter • **Reise-Hacks für Hundemenschen** • ISBN 978-3-95889-419-8
Franziska Consolati • **Reise-Hacks für Klimabewusste** • ISBN 978-3-95889-418-1
A. Klie & C. Streicher • **Reise-Hacks für Laufbegeisterte** • ISBN 978-3-95889-421-1
Marc Engelhardt • **Reise-Hacks für Nackte** • ISBN 978-3-95889-422-8

CONBOOK.
www.conbook-verlag.de
instagram.com/conbook_verlag

Zwei bildstarke Inspirationen für klimabewusstes Reisen

Franziska Consolati präsentiert exotische Reiseerlebnisse (fast) vor der Haustür – praktisch sortiert nach den Kontinenten, in denen Sie danach suchen würden.

»Ein herrliches Buch für alle, die immer schon einmal wissen wollten, wie es sich anfühlt, blitzschnell in ferne Weltenräume gebeamt zu werden.«
(Frankfurter Allgemeine Zeitung)

Franziska Consolati
In Deutschland um die Welt
Abenteuer aus allen Kontinenten, für die wir nicht in die Ferne reisen müssen

- Hardcover im Großformat mit vielen Fotos und Übersichtskarten
- ISBN 978-3-95889-387-0
- www.conbook-verlag.de/buecher/in-deutschland-um-die-welt

Erleben Sie mit *Nachtzugreisen* die schönsten und wichtigsten europäischen Nachtzugverbindungen und reisen Sie quer durch den Kontinent.

»Das Thema Nachtzug wird unterhaltsam, historisch, mit Erzählenswertem ausgeschmückt und garniert, umrahmt von vielen, vielen Bildern und einem äußerst gelungenen Layout.« (Titel-Kulturmagazin)

Veronika Wengert und Jörg Dauscher
Nachtzugreisen
Die schönsten
Strecken Europas

- Hardcover im Großformat mit vielen Fotos und 30 Streckenkarten
- ISBN 978-3-95889-416-7
- www.conbook-verlag.de/buecher/nachtzugreisen

www.conbook-verlag.de
instagram.com/conbook_verlag